FABRICE MIDAL

Fabrice Midal, philosophe et écrivain, est l'un des principaux enseignants de la méditation en France. Il est l'auteur de très nombreux livres dont *Foutez-vous la paix !* (Pocket, 2018) traduit dans plus de quinze pays.
Fondateur de l'École occidentale de méditation, Fabrice Midal dirige aussi des journées d'introduction à la méditation, qui sont autant de moments uniques, profonds et joyeux. La méditation qu'il défend n'est pas un outil pour se calmer, être zen et détaché de la réalité, mais une façon de se relier à la réalité d'une manière plus éthique et responsable.

Pour en savoir plus, vous pouvez consulter son site :
www.fabricemidal.com
Vous y trouverez nombre de méditations
et d'enseignements en libre accès.

0,50

Narcisse n'est pas égoïste

DU MÊME AUTEUR
CHEZ POCKET

DANS LA COLLECTION « AGORA »

COMPRENDRE L'ART MODERNE
POURQUOI LA POÉSIE ?

DANS LA COLLECTION « ÉVOLUTION »

COMMENT ÊTRE BOUDDHISTE ?
FRAPPE LE CIEL, ÉCOUTE LE BRUIT
COMMENT LA PHILOSOPHIE PEUT NOUS SAUVER
52 POÈMES D'OCCIDENT POUR APPRENDRE À S'ÉMERVEILLER
FOUTEZ-VOUS LA PAIX !
DEVENEZ NARCISSIQUE ET SAUVEZ VOTRE PEAU !
NE VOUS LAISSEZ PLUS JAMAIS FAIRE

NARCISSE N'EST PAS ÉGOÏSTE

FABRICE MIDAL

NARCISSE N'EST PAS ÉGOÏSTE

Une enquête stupéfiante

france culture

Flammarion | Versilio

Cet ouvrage est issu de l'émission radiophonique
« Narcisse, accusé non coupable »
diffusée sur France Culture pendant l'été 2018.

MIXTE
Papier issu de sources responsables
FSC™ C003309
FSC www.fsc.org

Pocket, une marque d'Univers Poche, est un éditeur qui s'engage pour la préservation de l'environnement et qui utilise du papier fabriqué à partir de bois provenant de forêts gérées de manière responsable.

ISBN : 978-2-266-30746-8
Dépôt légal : septembre 2020

Introduction

Tout ce que l'on dit sur Narcisse est faux. Narcisse n'est pas égoïste. Il n'est pas amoureux de lui-même.

Il est l'exemple de ce qu'est un être responsable. Un être adulte. Un acquiescement à la vie. Rejeter Narcisse, c'est rejeter une force dont nous avons besoin.

Notre société ne souffre pas de narcissisme, mais au contraire d'une déficience chronique de cet art dont Narcisse a été le maître dans toute l'histoire de l'Occident. Cela semble un parti pris ; eh bien non ! Vous allez le voir dans cette stupéfiante enquête. De Sophocle à Ovide, du Caravage à Poussin, de Mallarmé à Rilke, un même message est transmis qu'il est temps d'entendre.

En réalité, non seulement Narcisse est un accusé non coupable, mais surtout il est et a été dans toute l'histoire de l'Occident la figure de l'innocence. C'est pourquoi il porte le nom de la première fleur du printemps, du renouveau de la vie. Il est la poésie même.

J'ai longtemps cru, je suppose comme la plupart d'entre nous, que le nom de Narcisse était celui d'une faute : trop s'aimer, trop s'occuper de soi, se détourner des autres… Mais peu à peu, mes croyances se sont fissurées.

J'ai commencé par une question toute simple : est-ce que les gens autour de moi sont réellement trop narcissiques, comme on le raconte à longueur de journée ? Je m'étais interrogé en voyant une de mes collègues que j'aimais beaucoup faire un burn-out. Là, j'ai bien été obligé de constater que non. Au contraire, elle était coupée d'elle-même. Elle ne se respectait pas, ne s'entendait pas, ne savait plus vraiment qui elle était.

N'est-ce pas ce que nous constatons tous ? Partout, les gens sont pris par l'hystérie de la performance qui détruit nos sociétés. Je vois partout des gens qui se sacrifient au point de se mettre en danger. Qui ont du mal à penser par eux-mêmes.

Or, au lieu de les comprendre, de les aider, on les accuse. On les accuse de ne pas en faire assez, de ne pas assez bien « gérer leur stress » et toutes ces niaiseries culpabilisantes.

C'est étrange. On affirme que nous sommes trop centrés sur nous-mêmes, obnubilés par notre « moi », quand nous ne savons pas même rester quelques minutes en silence avec nous-mêmes. Il faut aussitôt que nous fassions quelque chose, regardions notre téléphone portable, allumions la télé…

Nous avons du mal à nous écouter, à nous respecter, à nous rencontrer, à savoir ce dont nous avons besoin.

Et si l'égoïsme actuel, la désagrégation des liens sociaux et politiques venaient d'un manque de narcissisme ?

Il y a là un grave malentendu : on nous accuse d'un mal dont nous ne souffrons pas. Et de ce fait, le médicament qu'on nous donne – nous inviter à cesser d'être narcissique – non seulement se révèle être inefficace, mais en plus aggrave nos difficultés. Il nous conduit à renforcer la déshumanisation profonde de notre monde.

J'ai retracé le chemin pour mettre fin à cette malédiction dans *Sauvez votre peau, devenez narcissique*[1].

Puis, grâce à la confiance et à la vision de Sandrine Treiner, je me suis engagé pour France Culture à creuser ces intuitions dans une enquête à travers toute l'histoire de la pensée et de l'art de l'Occident. Cette enquête a été une aventure personnelle unique. J'ai été, à ma propre surprise, pris dans une sorte de fièvre ardente. Je suis passé de question en question, de découverte en découverte. Car, en effet, dès Ovide, Narcisse n'est pas amoureux de lui-même, bien au contraire. Mais comment comprendre un tel malentendu, une telle faute de lecture ?

Qu'est-ce qu'Ovide éclaire et que perd-il du sens originaire du mythe, que l'on peut retrouver dans les textes grecs les plus anciens ? Pourquoi Narcisse est-il le mythe au cœur de la peinture à la Renaissance ? Pourquoi Nicolas Poussin est-il le peintre occidental qui a le plus souvent représenté Narcisse ? Pourquoi Narcisse joue-t-il un rôle si essentiel à la fin du XIXe siècle et au début du XXe, en particulier pour Gide, Valéry ou Rilke ? Pourquoi, jusque chez Barthes, Narcisse est-il le symbole du pouvoir qu'a toute œuvre

1. Flammarion|Versilio, 2018 ; Pocket, 2019.

d'art d'éclaircir et de libérer notre rapport à nous, aux autres et au monde ?

Nous allons partir dans un stupéfiant voyage – stupéfiant car toutes les œuvres que nous allons examiner nous disent le contraire de ce que nous croyons. Elles nous disent la beauté et le bonheur qu'il y a pour tout être humain à se tourner vers Narcisse. Je vois à présent que Narcisse est le mythe de notre XXIe siècle. Il est le seul véritable antidote aux forces de mort, de découragement, de haine qui nous menacent.

Lire les textes et contempler les peintures qui éclairent ce mythe permettent de mieux discerner la violence de notre temps. Car les forces de mort et de ressentiment exigent le sacrifice de soi, nous enfoncent dans la culpabilité d'être et la méconnaissance des exigences propres à toute existence humaine.

Il est temps de revenir aux forces de la vie et de la pensée, de l'art et de la culture, qui sont porteuses de la seule espérance.

Se reconnaître

NARCISSE INNOCENT

La chose est devenue l'évidence répétée partout : Narcisse est l'être qui s'éprend de lui-même, ne pense qu'à lui, et en meurt. Narcisse est coupable. Il est responsable de la destruction des liens sociaux et du triomphe de l'égoïsme.

Combattons le narcissisme, nous dit-on, et notre société sera plus fraternelle.

Cette lecture est fausse aussi bien historiquement que psychologiquement.

En lisant les grands textes qui ont façonné le mythe de Narcisse, j'ai découvert que notre interprétation est en réalité très récente, datant de quelques années, quelques dizaines d'années tout au plus.

C'est tout simple : dès la plus haute Antiquité, Narcisse représente l'éclosion du printemps, la métamorphose et le sens de l'éducation.

Ce fil, étrangement oublié, se poursuit pourtant d'Ovide jusqu'à Roland Barthes, en passant aussi bien par la révolution de la peinture à la Renaissance que par l'époque du symbolisme avec Mallarmé ou Valéry.

Narcisse n'a jamais été, dans cette longue histoire de plus de deux mille ans, le signe de l'égocentrisme morbide dont nous serions malades ou coupables.

Mais alors que s'est-il passé ?

Que cache cette défiguration ?

Pour quelle raison idéologique l'image de Narcisse a-t-elle été réduite à une faute que stigmatise notre époque ?

Formes actuelles d'aliénations

Commençons par mettre en question cette pseudo-évidence. Nous serions narcissiques parce que nous serions trop individualistes.

Mais est-ce vrai ?

Au contraire, nous sommes tous en train de vivre une normalisation extrême. Les gens ne sont-ils pas conditionnés à consommer les mêmes produits, à porter les mêmes vêtements, à voir les mêmes films, à écouter les mêmes musiques… dans une uniformisation qui est à l'antipode de l'individualisme prétendu ?

Pour comprendre ce que serait vraiment l'individualisme au sens positif, dont nous avons besoin, il faut penser aux artistes d'exception.

Un grand pianiste joue d'une manière qui lui est propre et que l'on reconnaît dès les premières notes. Un grand chanteur ne ressemble à aucun autre. Matisse ou Pollock ont chacun su trouver un style qui leur est absolument unique.

Mais pour la plupart d'entre nous, il est très difficile d'être soi-même. Depuis notre enfance, on nous apprend à nous couler dans le moule, à ne pas nous faire remarquer.

Aussi, contrairement à ce que l'on affirme partout, nous n'assistons pas à un triomphe du narcissisme, mais à l'émergence de nouvelles formes de violence sociale, de nouvelles formes d'aliénation qui sont toutes marquées par le déni, l'instrumentalisation et l'exploitation de soi. Nullement par l'admiration ou le contentement de soi.

Nous ne sommes pas trop narcissiques.

Mais au fond que veut dire narcissique ?

Notre compréhension du mythe est-elle juste ? Ne nous trompons-nous pas sur la portée de cette figure ?

Pour le savoir, lisons le texte d'Ovide, un auteur romain qui vécut au Ier siècle de notre ère. C'est son récit qui a assuré la transmission du mythe. Il est devenu la référence, même si d'autres versions existent.

Les *Métamorphoses* est l'un des livres qui, avec la Bible, a eu le plus d'importance dans l'histoire de la pensée et de l'art occidental. Il a été pendant des siècles repris, republié, commenté.

On explique partout qu'Ovide raconte comment un jeune homme d'une grande beauté serait tombé amoureux de lui-même, serait devenu indifférent aux autres et en particulier à la nymphe Écho, et en serait mort.

Mais relisons le texte d'Ovide. Nous allons découvrir que ce n'est pas du tout ce que nous dit le poète romain.

Narcisse et Écho : une rencontre manquée par la seule faute d'Écho

Narcisse est le fils de la nymphe Liriopé (qui signifie le lys, elle aussi une fleur des régions humides) et du fleuve Céphise. C'est un très beau jeune homme et son extrême beauté est au cœur du mythe. Un jour, il rencontre Écho.

> « En ce temps-là, Écho avait un corps : ce n'était pas simplement une voix, et pourtant sa bouche bavarde ne lui servait qu'à renvoyer, comme aujourd'hui, les derniers mots de tout ce qu'on lui disait. Ainsi l'avait voulu Junon ; quand la déesse pouvait surprendre les nymphes qui souvent, dans les montagnes, s'abandonnaient aux caresses de son Jupiter, Écho s'appliquait à la retenir par de longs entretiens, pour donner aux nymphes le temps de fuir. La fille de Saturne s'en aperçut : "Cette langue qui m'a trompée, dit-elle, ne te servira plus guère et tu ne feras plus de ta voix qu'un très bref usage." L'effet confirme la menace : elle ne peut désormais que redoubler les sons des fins de phrases et répéter les derniers mots entendus. »

Ce qui frappe d'abord à lire ce récit est le parallèle entre le destin de Narcisse et celui d'Écho. Cette invention qui provient d'Ovide éclaire le sens du mythe, car les deux personnages vivent, de manière certes très différente, le même drame.

Quel est ce drame ?

La difficulté d'être soi.

Écho n'est pas une jolie femme éconduite en raison de la vanité de Narcisse, vanité qui le rend incapable de s'ouvrir à l'autre.

Écho ne peut pas dire « je », et, dès lors, elle ne peut pas parler pour de bon.

Comprendre pourquoi elle est privée d'une telle possibilité est très éclairant. Écho a usé de la parole pour tromper, et qui plus est une déesse, figuration de la Loi. Elle n'est donc pas innocente.

La malédiction à laquelle elle est condamnée ne fait alors que perpétuer sa méprise. Elle continue ainsi à ne pas pouvoir s'adresser vraiment à quelqu'un.

C'est là, je crois, une des clefs du mythe. Le fait d'être privé de « soi » nous prive de la possibilité de parler pour de bon et d'avoir une véritable responsabilité.

Or aujourd'hui beaucoup de gens ne peuvent plus qu'être des échos de la pression qu'on exerce sur eux. Ils ne savent plus où ils en sont.

Reprenons le texte. À peine Écho voit-elle Narcisse qu'elle brûle de désir pour lui.

> « Il advint que le jeune homme, séparé de la troupe de ses fidèles compagnons, cria : "Y a-t-il quelqu'un près de moi ?" "Moi" répondit Écho. Plein de stupeur il promène de tous côtés ses regards. "Viens !" crie-t-il à pleine voix ; à son appel elle répondit par un appel. Il se retourne et, ne voyant venir personne, "Pourquoi, dit-il, me fuis-tu ?" Il recueille autant de paroles qu'il en a prononcé. Il insiste et, abusé par la voix qui semble alterner avec la sienne, "Réunissons-nous !" dit-il. Il n'y avait pas de mot auquel Écho pût répondre avec plus de plaisir : "Unissons-nous !" répète-t-elle et, charmée elle-même de ce qu'elle a dit, elle sort de la forêt et veut jeter ses bras autour du cou tant espéré. Narcisse fuit et, tout en fuyant, "Retire ces mains qui m'enlacent, dit-il. Que

> je meure plutôt que mon corps t'appartienne !" Elle ne répéta que ces mots "Que mon corps t'appartienne !" Méprisée, elle se cache dans les forêts ; elle abrite sous la feuillée son visage accablé de honte et depuis lors elle vit dans des antres solitaires. Mais son amour est resté gravé dans son cœur et le chagrin d'avoir été repoussée ne fait que s'accroître. Les soucis qui la tiennent éveillée épuisent son corps misérable ; la maigreur dessèche sa peau ; toute la sève de ses membres s'évapore. Il ne lui reste plus que la voix et les os ; sa voix est intacte, ses os ont pris, dit-on, la forme d'un rocher. Depuis, cachée dans les forêts, elle ne se montre plus sur les montagnes. Mais tout le monde l'entend : un son, voilà tout ce qui survit en elle. »

Le texte est étonnant et d'autant plus qu'il dit exactement le contraire de ce que l'on raconte. Narcisse n'est pas enfermé en lui-même, indifférent à l'autre. Au contraire, il tente bien de répondre à Écho, mais c'est elle qui ne peut pas lui parler pour de bon. Sa parole n'est que l'image de la sienne. Elle est une illusion d'altérité, c'est-à-dire une fausse rencontre.

Or nous le savons bien, une image d'altérité n'est pas une altérité. Pour qu'il y ait une véritable altérité, il faut qu'il y ait deux « soi ». Il faut que chacune des deux personnes tienne sa place pour qu'une véritable rencontre ait lieu.

Si quelqu'un me parle, il faut que j'aie suffisamment de consistance pour l'écouter et qu'ainsi un véritable dialogue puisse avoir lieu entre nous.

Ce que l'on raconte sur ces questions est insuffisant. Nous opposons à tort égoïsme et altruisme. Or il n'y a pas d'altruisme sans un « soi » qui assume sa responsabilité. Sans ego, il n'y a pas d'altérité véritable. Pour que deux êtres se rencontrent, il faut qu'il y ait deux êtres qui soient eux-mêmes. **Si vous voulez entrer pour de bon en rapport à quelqu'un, l'écouter, il ne faut pas seulement être altruiste. Il faut aussi que vous soyez vous-mêmes.**

Le mythe de Narcisse nous parle de cette nécessité d'être soi.

Narcisse ne demande qu'à rejoindre Écho, à se rapprocher d'elle. Mais elle ne cherche pas à être avec lui. Elle veut s'unir à lui, à partir *de son désir à elle.* Autrement dit, elle veut le saisir, nullement le rencontrer.

« Le chagrin d'avoir été repoussée ne fait que s'accroître », dit Ovide d'une formule saisissante qui éclaire un phénomène que nous connaissons bien.

Être rejeté intensifie paradoxalement notre désir, le transforme en un manque obsessionnel. L'intensité amoureuse qu'éprouve Écho est un désir de possession qui s'exacerbe à mesure que l'objet qu'elle veut saisir lui échappe.

Mais est-ce là encore de l'amour ? Non. C'en est même une grossière contrefaçon.

Narcisse constate avec justesse qu'Écho ne l'aime pas, elle veut juste se rassasier de lui. C'est tout différent !

Narcisse éclaire de façon très profonde le mystère de l'amour. Nous sommes convaincus qu'aimer au sens le plus absolu c'est se sacrifier entièrement pour l'autre.

Eh bien non ! Je crois que c'est là une grave erreur. Le drame pour tout être humain, pour chacun de nous, c'est d'être comme Écho, de n'être pas soi. **Si vous voulez aimer, ne vous sacrifiez pas, soyez vous-mêmes.**

Aimer, c'est être pleinement soi pour l'autre, pour le bonheur de l'autre.

Narcisse est si peu amoureux de lui-même

Reprenons le texte. Une autre nymphe, victime de l'indifférence de Narcisse, demanda à la déesse Némésis de punir le jeune homme. Et c'est ainsi qu'un beau jour, Narcisse vint se coucher près d'une source.

« Tandis qu'il tente d'apaiser sa soif, une autre (*altera*) soif grandit en lui. »

Narcisse, nous dit le texte, n'est pas du tout enfermé ici en lui-même. Une *autre* soif grandit en lui, et l'appelle. Il est saisi par l'image de la beauté qu'il voit. Et cette image est vraiment pour lui une expérience de complète altérité. Il n'a pas du tout le sentiment d'être enfermé en lui-même, de se voir lui-même.

Le malheur est qu'il est victime d'un égarement. Il s'est épris d'un reflet sans consistance. Il prend pour un être ce qui n'est qu'une ombre inconsistante. Il « se prend, nous dit Ovide, de passion pour une illusion sans corps ».

Narcisse, nous dit donc en toute clarté le texte, n'est pas coupable d'égocentrisme, mais est une victime innocente.

Il n'est, à la différence d'Écho, l'auteur d'aucune duplicité.

Narcisse n'est pas amoureux de lui-même. Le texte précise que le jeune homme s'éprend de la beauté. L'être qu'il voit est en effet semblable à Apollon, ses cheveux sont dignes de Bacchus. Il ressemble à la sculpture d'un être idéal.

Le mythe de Narcisse, chez Ovide, nous dit donc exactement le contraire de ce que nous croyons. Pour nous, être narcissique, c'est, alors même que nous ne sommes pas d'une beauté parfaite, croire que nous le sommes.

Narcisse, lui, est parfaitement beau, mais son erreur est de ne pas reconnaître que la beauté qu'il voit est la sienne. Il croit qu'elle lui est extérieure.

> « Sans s'en douter, il se désire lui-même, il est l'amant et l'aimé, le but auquel s'adressent ses vœux. Les feux qu'il cherche à allumer sont en même temps ceux qui le brûlent. Que de fois il donne de vains baisers à cette source fallacieuse ! Que de fois, pour saisir son cou, qu'il voit au milieu des eaux, il y plonge ses bras sans pouvoir s'atteindre ! Que voit-il ? Il l'ignore ; mais ce qu'il voit le consume ; la même erreur qui trompe ses yeux les excite. Crédule enfant, pourquoi t'obstines-tu vainement à saisir une image fugitive ? Ce que tu recherches n'existe pas. L'objet que tu aimes, tourne-toi et il s'évanouira. Le fantôme que tu aperçois n'est que le reflet de ton image ; sans consistance qui soit sienne, il est venu et demeure avec toi, avec toi il va s'éloigner, si tu peux t'éloigner. »

Ici Ovide, pour la première fois, s'adresse directement à Narcisse pour lui exposer son erreur. Narcisse croit voir quelqu'un, là où il n'y a personne.

C'est seulement à la toute fin du texte, après avoir été longtemps victime de cette illusion, qu'il se rend finalement compte de son erreur.

> « Quand je te tends les bras, tu me tends les tiens de toi-même ; quand je souris tu me souris. Souvent même j'ai vu couler tes pleurs quand je pleurais. Tu réponds à mes signes en inclinant la tête et, autant que j'en puisse juger par le mouvement de ta jolie bouche, tu me renvoies des paroles qui n'arrivent pas à mes oreilles. Mais c'est moi, celui-là ! J'ai compris, et mon image ne me trompe plus. Je brûle d'amour pour moi-même, j'allume la flamme et je la subis. Que faire ? Attendre d'être imploré ou implorer moi-même ? Et puis, quelle faveur implorer maintenant ? Ce que je désire est en moi, la possession me dépossède. Oh ! que ne puis-je me séparer de mon corps ! »

Une fois que Narcisse comprend qu'il s'est trompé, il veut aussitôt être autre que lui. Se séparer de lui. Il n'est donc pas du tout dans cette auto-complaisance à laquelle nous identifions le narcissisme.

Ne pas avoir rencontré un autre être, ne voir au fond que soi-même, est pour Narcisse une déception insoutenable.

Comme le dit très justement Françoise Frontisi-Ducroux : « À suivre le poème à la lettre, Narcisse ne s'aime pas, puisque la reconnaissance de son erreur et la conscience de s'être pris pour un autre le réduit au désespoir. Il meurt "malheureux de n'être pas différent de lui-même[1]". »

---

1. Françoise Frontisi-Ducroux, Jean-Pierre Vernant, *Dans l'œil du miroir*, Odile Jacob, 1997, p. 107.

Sur ce point, tous les auteurs s'accordent. Le philosophe Pierre Hadot précise pour sa part : « Toute la tradition est unanime : Narcisse, se voyant dans la source, croit voir un autre et tombe amoureux de cet autre sans savoir que c'est son propre reflet dans l'eau[1]. »

À lire le texte d'Ovide, ce qui frappe est comment Narcisse ne s'aime pas, ne sait pas s'aimer. S'il était égocentrique comme on le prétend, il s'enorgueillirait de se reconnaître.

Lire un texte est une aventure toujours vivifiante qui nous libère de ce que l'on *croit* savoir. Si tous les gens qui parlent à tort et à travers de narcissisme prenaient le temps de lire les trois pages du texte d'Ovide plutôt que des résumés fautifs pris dans un dictionnaire, tant de malentendus, de contresens et de confusions seraient levés.

Car le texte montre bien que Narcisse n'est pas coupable du crime dont nous l'accusons. Narcisse n'a rien, mais rien du tout, de l'être imbu de lui-même, mégalomane, tyrannique, méprisant auquel nous identifions le narcissisme aujourd'hui.

Il nous reste à comprendre ce qui a entraîné la malédiction de Narcisse.

Si le mythe de Narcisse ne porte pas sur l'égocentrisme et la vanité, quel est donc son objet ?

Pourquoi Narcisse s'est-il trompé ? Que veut nous enseigner ce mythe ?

---

1. Pierre Hadot, « Le mythe de Narcisse et son interprétation par Plotin », in *Nouvelle Revue de psychanalyse*, n° 13, *Narcisses*, dir. Jean-Bertrand Pontalis, Gallimard, 1976, p. 92.

Narcisse victime du combat entre Artémis et Aphrodite

Partons d'un fait bien établi. Vers 600 av. J.-C., la figure d'un éphèbe, fragile et éphémère, comme la fleur, est révérée par les habitants de l'île d'Eubée. Ce demi-dieu est l'un des six héros officiels auxquels cette démocratie naissante voue un culte. Or il nous est décrit comme étant un fidèle de la déesse Artémis.

Qui est Artémis ?

La déesse de la chasse et de la nature, lit-on dans les dictionnaires de mythologie. Mais voilà qui est bien trop restreint.

Artémis est, de façon beaucoup plus fondamentale, l'expérience de la grande solitude que peut offrir la nature. Son règne est celui des déserts lointains et inaccessibles. Elle est l'inapprochable, la fuyante, celle qui est d'une très haute pudeur. Elle est ainsi un des visages très singuliers et très beaux du féminin et de l'amour.

Pour les Grecs, il existe, en effet, plusieurs grandes figures du féminin, Héra : l'amour marital et maternel ; Aphrodite : l'amour sensuel et sexuel ; Artémis : la jeune fille intouchable à la clarté stellaire dont on s'éprend au loin et qui elle-même peut s'éprendre à condition de rester à distance.

Or il existe une grande rivalité entre Artémis et Aphrodite.

Artémis refuse les liens de l'amour sensuel et sexuel qu'Aphrodite, au contraire, promeut.

Cette opposition est bien mise à jour dans l'*Hymne homérique à Aphrodite*, qui explique que cette dernière reste impuissante face à Artémis qui lui résiste.

« Aphrodite, tout sourire, ne peut plier sous
les lois du désir d'Artémis aux flèches d'or.
Car elle aime l'arc et tirer les bêtes des montagnes,
Et la cithare, et les chœurs, et les cris aigus
Et l'ombre des forêts et les cités où les hommes
sont justes. »

Or les jeunes gens qui se vouent à son culte sont souvent punis par Aphrodite, qui considère que cette distance est une atteinte à l'amour qu'elle incarne et qu'il n'est pas légitime pour les êtres humains de s'y enfermer.

Le cas le plus connu d'un adepte d'Artémis qui sera puni de cette fidélité est Hippolyte. Dans la tragédie qui l'évoque, Euripide décrit l'intimité affectueuse qui unit la divinité au tout jeune homme. Ce dernier voue un culte exclusif à la déesse qui lui répond volontiers. Mais ce lien intime le conduit à refuser tout engagement amoureux et par là aussi tous les liens sociaux.

Cet extrême souci de pureté entraîne le courroux d'Aphrodite qui décide d'y mettre un terme. Phèdre, sa belle-mère, s'éprend alors passionnément de lui, au point de perdre toute raison, tout sens des convenances. Furieuse de constater qu'Hippolyte ne répond pas à ses avances, elle se venge et cause sa mort.

Narcisse est dans la même situation qu'Hippolyte. Être trop pur, trop solitaire, refusant les liens sociaux convenus, il va être puni.

Le mythe ici nous parle donc du risque que court tout être jeune qui, par un engagement trop radical, trop ultime, trop solitaire, refuse les engagements sociaux qui constituent la responsabilité de tout être humain.

Il ne nous est peut-être pas permis de nous retrancher hors de notre finitude.

Cette lecture du mythe éclaire un phénomène très profond. Car il y a, en chacun de nous, un tel appel. Il y a, en chacun de nous, un Narcisse ou un Hippolyte qui voudrait vivre au loin, en retrait, à distance des jeux de l'amour et du hasard, des compromis sociaux, des demi-mesures…

Mais une telle existence, il ne nous est pas donné de pouvoir la vivre. Il nous faut consentir à la contingence des liens entre êtres humains.

Narcisse, une victime tragique

Poursuivons notre enquête. Il existe une autre explication à l'erreur de Narcisse.

La cause de son drame réside dans son héritage familial. Nous retrouvons ici un schéma propre aux tragédies grecques. Le personnage central est victime d'une illusion qui le piège. Tel est le cas d'Œdipe. Il ne reconnaît pas en Laïos son père et en Jocaste qu'il prend pour femme, sa mère. Et comme dans beaucoup de tragédies, la cause remonte à la génération précédente.

Narcisse est victime de la violence qu'a subie sa mère malmenée par le fleuve et par là blessée dans son intégrité.

La malédiction tragique, comme le souligne de manière géniale Simone Weil, s'abat de génération en génération jusqu'à ce qu'elle touche un être pur qui en subit toute l'amertume. Alors la malédiction est arrêtée[1].

---

1. Simone Weil, *Intuitions pré-chrétiennes*, La Colombe, Éditions du Vieux Colombier, 1951, p. 20.

Qui est par excellence le héros tragique de l'innocence ? C'est évidemment Antigone. La jeune fille, victime de la lutte à mort de ses deux frères, décide de mourir pour respecter les usages et donner une sépulture à son frère décédé.

Son absolue pureté, son refus du mal, met fin à une malédiction et restaure un ordre du monde perturbé. Elle œuvre à la « justice interne » sans laquelle vivre serait insoutenable.

Antigone refuse les lois sociales et politiques qu'on veut lui imposer parce qu'elles ne lui semblent pas justes. Elles lui semblent même contraires à ce qu'elle nomme la « loi non écrite ».

Narcisse est le frère spirituel d'Antigone. Un être parfaitement pur. Narcisse est blessé par son histoire, ses origines, les circonstances de sa naissance. Si bien qu'il est trompé par les apparences.

Comme cela est parlant ! Qui n'est pas marqué par les souffrances de ses ancêtres ? Est-ce que la tâche de chacun de nous ne consiste pas à s'accommoder de la situation dont nous héritons ? N'avons-nous pas à apprendre à faire que cet héritage, parfois très lourd, ne nous conduise pas à faire le mal ?

Chacun de nous n'a-t-il pas à mettre fin à ce qui reste obscur dans le passé de ses aînés ? Vivre n'est-ce pas purifier ce qui a été meurtri ?

Vous vous demandez peut-être laquelle de ces deux versions – celle qui rattache le mythe à la lutte entre Artémis et Aphrodite ou celle qui fait de Narcisse le frère d'Antigone – est vraie ? En réalité, les deux. La force d'un mythe est de n'être pas unilatéral.

Mais remarquez que, dans les deux cas, Narcisse est un être d'une extrême innocence.

N'est-ce pas tout à fait étrange que nous en ayons fait l'être le moins innocent ?

La métamorphose ou la clef oubliée du mythe

Chez Ovide, le mythe ne s'achève pas là. On s'apprête à enterrer le jeune homme pour découvrir que son corps a disparu. À sa place se trouvent des fleurs de narcisse.

C'est là la clef du mythe.

Sans cette métamorphose, Ovide ne nous aurait pas raconté son histoire. **Narcisse est le récit de la transformation d'un être en fleur. Et c'est précisément parce qu'il est l'être absolument innocent, l'être qui refuse l'illusion, le mensonge, le leurre, qu'il se métamorphose.**

Narcisse en ce sens ne meurt pas. Il renaît de la manière la plus belle, la plus heureuse.

Mais de quoi cette fleur est-elle le nom ? Quel est le sens de la métamorphose ? En quoi cette métamorphose cache-t-elle le sens profond du mythe qui nous échappe encore ?

Grandir

NARCISSE
JEUNE HOMME EN FLEUR

C'est en quittant le monde latin pour remonter jusqu'aux récits grecs que nous allons pouvoir comprendre le sens de la métamorphose.

Commençons par regarder une fleur de Narcisse. Je me souviens en avoir vu des champs entiers lors d'un voyage en Suisse sur les hauts de Montreux et Vevey. C'était une expérience saisissante. Se montre à découvert la splendeur éclatante du printemps.

Or, c'est tout à fait essentiel. Car les Grecs, « qui vénéraient Narcisse, ne lui associaient pas, comme nous, une morale. Ils rendaient juste grâce à la puissance de vie liée au printemps et à la nature[1] ».

Narcisse ne s'appelle pas Narcisse par hasard ! Le texte d'Ovide ne nous dit pas pourquoi le jeune homme qui se rencontre dans l'eau devient cette fleur précise.

Il faut pourtant partir de cette évidence.

Qu'est-ce qu'un narcisse ?

C'est la première fleur du printemps. Elle signifie le renouveau de la vie qui éclôt et par là témoigne que la mort a été vaincue.

Pour les Grecs, ce mouvement s'accomplit tout particulièrement au moment des initiations qui sont autant de passages par la mort permettant à l'individu de renaître. La plus importante de toutes est celle de l'adolescence. C'est à ce moment que l'être

1. Comme insiste l'archéologue et professeur au Collège de France Denis Knoepfler dans *La Patrie de Narcisse* (Odile Jacob, 2010).

humain doit renoncer à l'enfance pour entrer dans l'âge adulte.

Narcisse nous raconte cette singulière aventure.

Un mythe d'éducation ou pourquoi les jeunes hommes se transforment en fleur

Il y a, derrière l'histoire de Narcisse que nous connaissons, un mythe très ancien.

Mais comment le retrouver, alors qu'il n'en existe plus aucune version connue ?

Il suffit de partir de l'unité qui existe au cœur du monde indo-européen. Depuis la fin du XIXe siècle, les linguistes ont remarqué que des mots de langues différentes désignent des phénomènes communs. On trouve ainsi des correspondances linguistiques entre les langues celtiques et les langues indo-iraniennes, notamment dans le domaine du vocabulaire religieux. Peu à peu émerge l'idée que l'unité linguistique des peuples de l'Inde, de l'Iran et de l'Europe – c'est-à-dire les Grecs, les Latins et les Celtes... – cachent une unité de civilisation.

Mais comment la comprendre ?

Georges Dumézil (1898-1986), ce linguiste, historien et anthropologue qui parlait plus de quarante langues, soucieux du sens du mythe, après des années de recherche, a fait une avancée décisive. Il a repéré dans les mythes de toutes ces cultures trois fonctions qui organisent toute société. En Inde, les prêtres, les guerriers et les agriculteurs-producteurs forment les trois castes qui sont les garantes de l'harmonie sociale. Dans la Rome archaïque trois dieux sont associés : Jupiter, le plus sacré, Mars, le dieu de la guerre, et Quirinus, le dieu de l'ensemble du peuple tel qu'il s'organise dans les curies. C'est ainsi que Dumézil met à jour une sorte de « tripartition fonctionnelle ».

Bernard Sergent, marchant dans les traces du travail de Dumézil, a étudié les Grecs d'une manière féconde et novatrice.

Il remarque que le mythe de Narcisse, même si nous n'en avons pas de description détaillée avant le texte d'Ovide, se rapproche de nombreux autres récits, de coutumes et de pratiques qui permettent d'en comprendre parfaitement le sens.

Cette découverte change tout. Car, pour la plupart des hellénistes, le mythe de Narcisse ne les concerne pas. Puisque nous n'avons pas de textes grecs racontant son histoire, il doit être de création tardive.

Bernard Sergent nous permet de comprendre au contraire qu'il est très ancien et parfaitement limpide.

Commençons par évoquer trois de ces récits qui se rapprochent et s'éclairent les uns les autres.

Hyacinthe (*Huakinthos*) était l'un des hommes les plus beaux de l'Antiquité. Il était fils d'un roi de Sparte. Le dieu Apollon en tomba amoureux. Il lui enseigna le maniement de l'arc, la musique, la lyre, et tous les arts physiques (course, saut, lancer de disque et de javelot).

Il faut ici s'interroger sur pourquoi l'éducation grecque, la manière de devenir adulte, passe au premier chef par la musique et la gymnastique. C'est pour nous tout à fait déconcertant, ces disciplines nous semblant bien accessoires dans l'éducation des jeunes garçons et des jeunes filles.

Pourquoi donc étudier la musique ? Nullement parce qu'elle nous ferait éprouver des émotions plus ou moins intenses ou parce qu'elle participerait de la culture générale. Mais parce que la musique nous met en rapport avec l'harmonie. Or l'harmonie, pour les Grecs, c'est l'accord juste de soi avec soi, de soi avec les autres et de soi avec le monde. Apprendre la musique, c'est apprendre une forme éminente de justice.

Et pourquoi étudier la gymnastique ? Non pas parce qu'elle permettrait de rester en bonne santé. Mais parce que, pour les Grecs, être adulte nécessite d'avoir trouvé l'équilibre le plus heureux entre le corps et l'esprit. Et cet équilibre est lui aussi une manière d'être pleinement en rapport au monde.

Reprenons notre récit. Un jour, alors que les deux hommes jouaient à lancer le disque, le dieu tua par erreur son bien-aimé. Le disque qu'il avait lancé avait rebondi sur un rocher avant de le frapper. Désespéré par la mort de son amant, Apollon fit pousser, du sang qui coulait de sa blessure, l'hyacinthe (la jacinthe), la fleur la mieux fleurie.

Comme le dit un texte du poète Nonnos : « Hyacinthe à la belle chevelure, Apollon l'a ramené à la vie ».

La mort d'Hyacinthe est donc une mort provisoire qui le conduit à renaître comme un guerrier adulte et c'est pourquoi dans les représentations graphiques, il porte ensuite la barbe.

Second récit : Kuparissos était un jeune homme d'une beauté remarquable. Il avait pour compagnon un cerf qu'il avait apprivoisé. Mais, un jour d'été, pendant une chasse, il tua son cerf par inadvertance. De chagrin, il demande à mourir et d'avoir la grâce de pleurer éternellement son compagnon. Apollon le change alors en cyprès, arbre qui, restant toujours vert, vainc la mort.

On trouve ici le même récit que celui d'Hyacinthe. Mais, le jeune homme, au lieu d'être tué par celui qui l'initie, se suicide. Il devait paraître alors infamant d'accuser Apollon d'être responsable de la mort du jeune homme.

Le sens archaïque du récit reste ainsi préservé : un jeune homme meurt pour renaître à une nouvelle vie et ce au travers de l'exploit qu'il accomplit.

Le troisième récit concerne Narcisse selon la version de Konon, un poète qui vécut au Ier siècle avant J.-C. Narcisse refuse ici de céder aux avances d'Ameinias, son aîné, et il lui jette une épée avec laquelle l'amant dépité se tue.

Narcisse représente ici l'adolescent qui se tient à distance des institutions et de la vie civique en refusant l'amour qui seul permet à l'individu d'entrer et de s'intégrer dans la société. Le mythe nous parle donc ici en négatif de la peur de grandir – et nullement d'un enfermement en soi-même.

Nous voilà avec trois récits. Les grands lecteurs de mythes, comme Claude Lévi-Strauss et Georges Dumézil, nous apprennent à ne pas nous arrêter aux variantes qui peuvent aisément nous égarer pour chercher la structure fondamentale.

Or on trouve un même schéma narratif dans ces trois récits : un beau jeune homme est invité à passer par un ensemble d'épreuves qui le conduisent à une mort symbolique.

Voilà le sens profond du mythe.

L'enfance n'est pas le paradis perdu, mais un état à dépasser pour entrer enfin dans le plein déploiement de notre humanité. Il faut que chacun devienne un citoyen adulte responsable à même de prendre en charge ses responsabilités politiques.

Or ce passage à l'âge adulte est à la fois certes une mort symbolique, mais aussi l'occasion de déployer sa propre excellence.

Tel est le sens de toute initiation : permettre à un individu un changement d'état. Le jeune homme sent bien qu'il n'est plus un enfant. Le rite rend cette expérience objective. Il n'est donc plus dépendant du regard ou du jugement des autres. Il sait désormais qu'il est passé de l'autre côté. L'initiation lui donne une profonde confiance en ce qu'il est. Elle lui permet d'être vraiment lui-même.

J'y pense en songeant aux jeunes générations. Trop souvent l'éducation qu'elles reçoivent, la pression sociale qu'elles subissent les font entrer dans un moule au lieu de les inviter à manifester qui elles sont !

Il ne s'agit évidemment pas de réinstituer ces rites anciens de passages qui ne correspondent plus à notre temps. Mais ne faudrait-il pas transmettre aux jeunes gens le sens de ce que pourrait signifier pour eux grandir et devenir adultes ?

Le fait que tant de jeunes en viennent à faire des passages à l'acte extrêmes ne témoigne-t-il pas d'une déficience dans cette transmission ?

Un mythe initiatique très archaïque

Si nous comprenons bien à présent que le mythe de Narcisse est un mythe d'éducation, le sens de cette initiation n'est pas encore assez clair.

Pour le comprendre, remarquons que *Huakinthos*, *Kuparissos* et *Narkissos* ne sont pas des mots d'origine grecque mais crétoise. Les récits des aventures des trois personnages qui portent ces noms sont arrivés sur le continent grec avant l'époque mycénienne, qui commence vers 1600 avant notre ère. Nous sommes donc en présence d'un mythe très archaïque qui devait rester en partie obscur même aux Grecs.

On comprend qu'Ovide ne le connaissait plus et que son texte est, pour cette raison, elliptique.

Si l'on regarde les coutumes rituelles crétoises et taïfales, on découvre le schéma suivant : l'aimé est capturé et est ensuite conduit dans une forêt. Il apprend sous la direction de l'amant la chasse et les arts. Puis, une fois formé, et après la réalisation d'un exploit, il peut entrer dans la communauté des adultes.

Sur ce schéma, les variantes des récits sont nombreuses. Plutôt qu'évoquer des enlèvements, on parlera des morts « symboliques » du jeune adolescent (par assassinat ou suicide) qui préparent des renaissances « sur un plan supérieur ». Derrière cette variété, la finalité est la même : faire passer le « novice » d'un statut à un autre.

Tout s'éclaire !

Dans toutes les cultures, on trouve un jeune homme ou parfois une jeune femme qui, pour montrer qui il est, doit passer par des épreuves… et sortir d'une forme de naïveté et de niaiserie.

C'est ce que l'on retrouve dans la plupart des contes de fées. Pensons par exemple à celui bien connu de Hansel et Gretel : Hansel et Gretel sont un frère et une sœur que leurs parents perdent dans la forêt, car ils n'ont plus de quoi les nourrir. Ils y errent jusqu'à ce qu'un oiseau blanc les conduise à une petite maison en pain d'épices. Hélas, il s'agit de la maison d'une sorcière dévoreuse d'enfants, qui enferme Hansel pour l'engraisser et réduit Gretel en esclavage. Mais la jeune fille grâce à son intelligence réussit à pousser la sorcière dans son propre four et à délivrer son frère.

Les deux jeunes gens s'emparent du trésor de la sorcière et parviennent à retrouver le chemin de la maison de leurs parents. Leur exploit les a fait passer à un autre statut.

Bernard Sergent souligne cependant que la singularité du monde indo-européen tient dans le rôle que joue dans cette éducation une homosexualité initiatique. Un homme plus âgé forme, dans une relation amoureuse, un tout jeune homme et lui permet d'entrer dans la société des citoyens.

Il faut ici préciser que cette homosexualité initiatique ne doit pas être comprise à partir de notre compréhension de l'homosexualité entre deux adultes qui peuvent partager leur vie ensemble. Il s'agit là d'un aîné qui initie un plus jeune pendant un temps donné, l'invitant ainsi à découvrir sa virilité.

Le rapt de Perséphone

Si l'on se tourne maintenant vers les textes grecs les plus anciens qui évoquent Narcisse, que trouve-t-on ? l'*Hymne homérique à Déméter*, la déesse de la Terre-mère où est évoqué non le jeune homme mais la fleur. Ce texte était chanté chaque année en l'honneur de la déesse lors des Mystères d'Éleusis qui célébraient les moissons.

Même s'il a été attribué à Homère, il est postérieur au poète grec et fut écrit entre 650 et 550 avant J.-C.

Le texte nous raconte l'histoire de la fille de Déméter, forcée de devenir l'épouse d'Hadès, le dieu des morts.

Comme ce récit n'évoque pas le jeune homme dont nous avons jusqu'ici parlé, il a été pour cela tout à fait négligé par ceux qui ont cherché à interpréter le mythe de Narcisse. C'est en réalité une grande erreur. L'histoire de Perséphone témoigne en effet d'un autre mythe d'éducation et de renaissance qui consonne singulièrement avec celui que nous venons de décrire.

Lisons le texte :

> « Déméter aux beaux cheveux, divinité sacrée, je vais la chanter,
> Elle et sa fille aux fines chevilles, qu'Aïdonée (*Hadès*)
> A enlevée, l'ayant reçue en don de Zeus qui frappe lourd, qui voit loin.
> Il l'emmena loin de Déméter au glaive d'or, aux doux fruits,
> Pendant qu'elle jouait avec les filles d'Océan au sein profond,

> En cueillant des fleurs, la rose et le safran et les violettes si belles,
> Dans un pré suave, et les iris et la jacinthe,
> Et le narcisse qui suscitait, comme un piège, pour la vierge au visage de bouton de rose
> La Terre mise par la volonté de Zeus au service de Celui qui accueille.
> Cette merveille radieuse, tous en vénéraient le spectacle,
> Les dieux immortels aussi bien que les hommes mortels.
> Hors de sa racine cent fleurs poussaient.
> Du parfum de la plante tout le ciel qui s'étend là-haut,
> Et la terre tout entière souriait, et le gonflement salé de la mer[1]. »

Ce qui est marquant dans ce texte est la manière dont le narcisse apparaît. La fleur brille d'un éclat merveilleux et frappe d'étonnement tous ceux qui la voient, les dieux et les hommes, les immortels et les mortels. Tous sont réjouis par la fleur de Narcisse. Nous avons là un indice décisif.

Le narcisse est déjà, dans ce chant, le symbole de la splendeur qui éclôt de la manière la plus manifeste.

Le beau jeune homme que nous décrit Ovide ne serait-il pas l'héritier direct de cette origine, lui qui est présenté comme l'être d'une beauté parfaite ravissant tous ceux qui le voient ?

Le texte continue :

---

1. *Hymne à Déméter*, 1-20, in *Hymnes*, trad. Jean Humbert, Les Belles Lettres, 1936, p. 41.

« Elle se prit à frémir et tendit les mains, les deux mains,
Pour saisir le beau jouet. Alors s'ouvrit la terre aux vastes routes
Dans la plaine de Nysa ; alors se dressa le roi, Celui qui accueille
Avec ses chevaux immortels, le fils de Cronos aux noms nombreux.
Il la saisit bien malgré elle sur son char en or,
Il l'emmena qui pleurait et qui criait, élevant la voix,
Appelant son père, fils de Cronos, dieu suprême, dieu parfait.
Ainsi, bien malgré elle, il l'emmenait par la providence de Zeus
Lui, le frère de son père, Celui qui commande, Celui qui accueille[1]. »

Zeus a décidé de donner Perséphone pour épouse à Hadès, le dieu des morts, et de faire d'elle la souveraine des morts. Gaïa, la terre, fait croître pour cela une fleur exceptionnelle qui séduit Perséphone et l'incite à faire le geste qui la livrera au pouvoir d'Hadès.

Le piège fonctionne.

Quand, à deux mains, Perséphone arrache la tige de la fleur miraculeuse la terre s'entrouvre. Par la fente ainsi formée, Hadès surgit des profondeurs et enlève la jeune fille. Selon Salomon Reinach, dans un état ancien de la légende, sans l'intervention d'Hadès, la jeune fille tombait dans une fissure du sol dissimulée par le narcisse gigantesque[2].

---

1. *Ibid.*, p. 41.
2. Salomon Reinach, « Le Narcisse dans Homère et dans Sophocle », in *Cultes, Mythes et religions*, Éditions Ernest Leroux, 1905.

La colère de Déméter

Alertée par le cri qu'elle pousse, Déméter recherche sa fille partout. Mais elle ne la trouve nulle part.

Hélios, le dieu Soleil qui voit tout, lui apprend alors l'enlèvement.

Furieuse, elle décide de s'isoler des hommes et des dieux. Par cet acte, elle cesse de faire croître la végétation. Cette décision prive les hommes de nourriture, les menace d'extermination collective et détruit la matière même des offrandes qui réjouissaient les dieux.

Zeus exige alors que la déesse réintègre la société divine. Mais elle refuse d'obéir tant que sa fille, Perséphone, ne lui est pas rendue.

Zeus doit trouver un compromis : Perséphone vivra une partie de l'année avec sa mère et retournera avec son époux, Hadès, chaque automne. D'où l'alternance de périodes fécondes et stériles, origine du cycle des saisons, des semailles et des récoltes.

Déméter, réjouie de la décision de Zeus, accepte de rejoindre les dieux.

Ce pacte provoque deux événements majeurs.

Le premier : Déméter enseigne aux hommes l'agriculture. Elle leur offre le blé, symbole de la terre cultivée et, partant, de la civilisation néolithique. Cette transition de la cueillette à l'agriculture est un changement de civilisation qui fait passer l'humanité du chaos au cosmos, de la nature à la culture.

Quand l'hiver arrive, la fonction de Déméter s'estompe en souvenir de cet épisode. La déesse rappelle par là aux dieux leur pacte. Puis elle reprend bientôt ses fonctions pour signaler qu'elle le respecte scrupuleusement. Les plantes poussent à nouveau et c'est le printemps. C'est le temps du retour de Perséphone.

Second événement : cet épisode ouvre une nouvelle ère. Car jusqu'alors, la séparation entre les morts et les vivants était inviolable. Désormais, comme en témoignent les mythes d'Éleusis, le destin de l'âme après la mort et la promesse d'immortalité sont envisagés. Comme Perséphone revient parmi les morts, notre âme peut, par les mystères, vaincre la mort.

Un mythe d'initiation de la jeune fille

Je dois ici beaucoup à un historien, presque inconnu aujourd'hui, Henri Jeanmaire. Selon lui, le mythe de Perséphone n'est rien d'autre qu'une explication de l'initiation de la femme. Il l'a compris en étudiant les mythes des Daka du Nigeria et des Moundang du Tchad. Autrement dit, Henri Jeanmaire éclaire les anciens rites grecs à la lumière de ceux de l'Afrique contemporaine. On comprend que dans les années cinquante, un tel propos choqua les hellénistes avant de faire peu à peu référence.

Koré, qui est un nom commun désignant tout simplement la jeune fille, disparaît pour revivre sous le nom propre de Perséphone. Ce changement de nom est révélateur. Quand Perséphone revient voir sa mère, elle n'est plus une jeune fille. Elle a grandi, s'est ouverte à la sexualité. L'initiation l'a transformée et lui permet d'assumer une identité et un rôle dans le monde.

Cette initiation révèle le sens originaire du mariage – qui est une forme de mort suivie d'une résurrection.

Ne dit-on pas encore aujourd'hui qu'on « enterre » sa vie de garçon ou de jeune fille ?

Mais il y a plus.

Dans le passage de la jeune fille à la femme, se rejoue un événement qui touche au cosmos. Car c'est le monde tout entier qui doit sans cesse se renouveler et se régénérer.

N'est-ce pas ce que nous pressentons parfois lors du mariage de deux jeunes gens ? Ne voyons-nous pas, à travers leur engagement, le monde tout entier qui renaît ? Leur alliance ne renouvelle-t-elle pas entièrement notre lien au monde ?

Il existe une autre occurrence du narcisse dans le monde grec. Elle se trouve dans *Œdipe à Colone* de Sophocle :

> « [...] où Dionysos s'empresse
> autour des nymphes qui l'ont nourri
>
> Floraison, sous l'écume du
> ciel, à belles grappes, jour sur jour :
>
> Le narcisse, aux deux grandes déesses
> couronnement du fond des âges, et dans
> sa lumière d'or le safran. Jamais
> ne sommeillent ni ne baissent les sources
>
> Du Céphise : il court de place
> en place et sans trêve, chaque jour,
> il bondit, pressant les pousses de sa pluie
> sans mélange, sur les plaines[1]... »

---

1. Sophocle, *Œdipe à Colone*, 684-693, in Gabriel Germain, *Sophocle*, Seuil, 1969, p. 174 *sq*.

Sophocle relie le narcisse aux deux déesses Déméter et Perséphone. La fleur symbolise ici la beauté qui peut tromper… si on cherche à s'en saisir. Mais le narcisse est aussi la beauté qui donne la vie en nous conduisant à la renaissance.

De quelle expérience la fleur de narcisse est-elle le nom ?

Le symbolisme de la fleur est donc ici le même aussi bien dans les mythes homosexuels d'éducation du jeune homme que dans celui de la jeune fille dont Perséphone est l'archétype.

Narcisse figure bien une initiation à la vie adulte.

Condamner Narcisse, c'est condamner l'exigence même de l'éducation authentique. Car toute éducation est en réalité non l'accumulation de connaissances, mais l'invitation à renaître, à se métamorphoser.

Je me souviens quand j'ai découvert l'enseignement de la philosophie. J'ai eu l'impression de renaître à la vie. J'allais en cours dans un état de grande fébrilité parce que j'avais le sentiment que ce travail me faisait enfin entrer dans l'existence.

Se tourner vers Narcisse, c'est rappeler aujourd'hui que l'éducation n'est pas l'apprentissage de connaissances spécialisées permettant d'être efficace sur le marché du travail, mais est et doit être une éclosion de soi. L'éducation doit d'abord former de véritables êtres humains.

C'est là le sens profond du narcissisme que je tente de repenser. Devenir narcissique, c'est, pour le jeune homme ou la jeune femme, advenir à sa propre maturité, penser par soi-même, se découvrir capable de contribuer au monde où l'on se trouve.

À quoi devons-nous renaître ?

Plus largement, nous avons tous à traverser des passages, des changements, à nous métamorphoser. Le mythe de Narcisse nous questionne donc tous : Qu'est-ce qui nous permet d'être aujourd'hui plus vivants ? Comment repérer les forces de mort que nous devrions laisser derrière nous ?

Car, chaque jour, nous avons à advenir à nous-mêmes. À mourir à ce que nous ne sommes plus. Nous en faisons surtout l'expérience dans les moments décisifs de notre vie, un deuil, une rupture, un changement important. Nous sentons bien alors que nous avons quelque chose à faire pour accompagner au mieux le mouvement que nous avons à vivre.

Être narcissique, c'est permettre à la fleur du printemps, la fleur de la vie nouvelle, d'éclore à nouveau. Et c'est là un travail sans cesse à reprendre pour chacun de nous.

C'est cela qu'Ovide a pour une part oublié et pour une part transmis. Narcisse ne meurt pas près de la source. Il s'est rencontré et il est devenu adulte. La métamorphose en fleur témoigne de cette transformation intérieure que nous avons tous à faire.

Qu'est-ce qu'être narcissique ? Savoir laisser la vie éclore en nous. Accepter pour cela de renaître, de se métamorphoser…

Se rencontrer

NARCISSE ANDROGYNE

Narcisse et l'image de sa sœur

En remontant d'Ovide au monde grec, le mythe de Narcisse a pris une dimension beaucoup plus ample et radicale. Il éclaire le mouvement même de la vie qui nous traverse tous, et nous appelle à nous métamorphoser.

Être narcissique, c'est accepter de ne pas se figer, d'être vivant, d'avoir à mourir et renaître de multiples fois au cours de son existence.

Cette métamorphose est une rencontre profonde avec soi, ou plus exactement avec cette part qui nous manque pour être enfin pleinement.

Pour découvrir cette autre facette du mythe, imaginez que vous ayez sous la main un vieux Guide Bleu de la Grèce rédigé aux alentours du IIe siècle de notre ère. Ce serait miraculeux ! Vous auriez accès à des savoirs et des connaissances oubliés. Vous pourriez voir, pour un moment, avec les yeux des hommes de ce temps. Eh bien, tel est l'ouvrage que rédigea un auteur nommé Pausanias (au début du IIe siècle). Né en Asie mineure, il voyage en Grèce. Il visite les monuments, les ruines, fouille les bibliothèques, observe, pose des questions et note ainsi ce qu'il voit. Son témoignage est un document de première main.

Et ce d'autant plus qu'il a aussi reçu une excellente éducation. Il connaît les grands textes alors déjà vieux de sept à huit cents ans, mais aussi toute une littérature érudite plus récente de commentaires et de manuels qui ont aujourd'hui disparu.

Son projet est de donner des explications rationnelles à des mythes qui lui semblent incompréhensibles. C'est en ce sens qu'il propose une lecture singulière du mythe de Narcisse, que l'on ne trouve, en l'état de nos connaissances, que chez lui.

> « Sur le territoire de Thespies se trouve un endroit appelé les Roseaux. C'est là que se trouve la source de Narcisse ; Narcisse aurait regardé dans cette eau, n'aurait pas compris qu'il voyait sa propre ombre, se serait épris de lui-même sans s'en rendre compte, et ce désir aurait causé sa mort près de cette source. Tout ceci est bien gentillet : qu'un individu déjà suffisamment âgé pour être pris de désir ne parvienne même pas à distinguer un homme de l'ombre d'un homme… Il existe un deuxième récit à son sujet, moins connu que le premier, mais qui a aussi quelque crédit : Narcisse avait une sœur jumelle, en tous points semblable d'apparence ; ils avaient surtout tous deux les mêmes cheveux, s'habillaient de vêtements identiques et chassaient ensemble. Narcisse s'éprit de sa sœur et quand l'enfant mourut, il se serait rendu à la source et aurait compris que c'était sa propre ombre qu'il voyait, mais il aurait trouvé du soulagement à son désir, bien qu'il comprît parfaitement, à s'imaginer qu'il ne voyait pas sa propre ombre, mais l'image de sa sœur[1]. »

J'aime la manière dont Pausanias cherche à donner du sens à ce qui lui semble en être démuni. Il ne peut

1. Pausanias, *Description de la Grèce*, IX, 31, 7-9.

concevoir que Narcisse soit simplement amoureux de lui-même. C'est absurde. Il doit y avoir une explication, se dit-il.

La solution de Pausanias est habile : Narcisse, en regardant son reflet, recherche sa sœur décédée.

Le Narcisse de Pausanias sait donc pertinemment qu'il a affaire à son propre reflet. Mais il choisit une certaine forme de délire pour apaiser la douleur du deuil qu'il traverse.

Il ne peut supporter la séparation d'avec sa sœur, et d'autant plus qu'elle est une sorte de double de lui-même. Comment est-ce possible ? Sans doute parce qu'au sein de leur gémellité, encore très jeunes l'un et l'autre et partageant les mêmes jeux, l'écart des sexes n'est pas encore marqué.

Nous touchons là au mythe très originaire et profond de l'androgyne. C'est lui que chante par exemple le poète Byron s'adressant à sa sœur Augusta : « Pour toi, ma douce sœur, en ton cœur/Je me sens sûr, comme toi dans le mien. »

Ce récit de Pausanias qui se voulait une rationalisation d'un mythe devenu par trop énigmatique, et qu'il ne comprend plus, ouvre sur un autre mythe tout à fait passionnant, celui de l'androgyne.

Le très beau mythe de l'androgyne

Mais qu'est-ce que l'androgyne ? Pour le savoir, il faut se tourner vers le texte de Platon, *Le Banquet*. Dans ce récit, l'un des plus beaux de toute l'histoire de la philosophie, Socrate participe à un banquet dans lequel chacun des convives est invité à dire ce qu'est l'amour.

Quand vient son tour, Aristophane présente le mythe de l'androgyne.

Les êtres humains d'antan étaient sphériques et parfaits à l'image du Soleil, de la Lune et de la Terre. Mais comme ils avaient voulu s'attaquer aux dieux, Zeus a dû les punir en les coupant en deux, « comme un œuf[1] ».

Aristophane nous décrit des êtres sphériques.

> « Je crois tenir le moyen pour qu'il y ait encore des hommes et pour mettre en même temps fin à leur impudence : c'est qu'ils deviennent plus faibles. Je vais donc les séparer chacun en deux ; en même temps qu'ils seront plus faibles, ils nous offriront plus de services, puisqu'ils seront plus nombreux. Ils marcheront tout droit sur deux jambes ; et s'ils persistent dans leur impudence et ne consentent pas à tenir tranquille, je les couperai encore en deux, jusqu'à ce qu'ils marchent sur une seule jambe, à cloche-pied[2]. »

Il y a bien sûr un peu de burlesque dans cette description. Aristophane est le grand poète comique d'Athènes. Platon s'en amuse avec un humour corrosif. Mais il y a aussi un sens très profond à ce récit.

---

1. Platon, *Le Banquet* 189d *sq.* L'androgyne est l'un des trois genres originels avec le double mâle, le plus intéressant aux yeux de Platon, et la double femelle, dont la scission est à l'origine des « lesbiennes ».

2. *Ibid.*, 190a.

Comme ces êtres amoindris, Narcisse est en quête de sa moitié dont il se sent séparé. Comme eux, il se dédouble avec l'aide de la surface réfléchissante de la source. Il tente ainsi de retrouver, même illusoirement, l'unité perdue de son être.

Peu importe au fond qui son image lui évoque, l'important est qu'elle désigne cette unité manquante dont nous avons tous la nostalgie. Nous sentons tous en effet que quelque chose nous fait défaut pour être pleinement.

Narcisse est le nom de cet appel à retrouver notre complétude originaire. Écouter cet appel, c'est ne plus nous égarer. Ne plus se laisser berner par de fausses consolations.

C'est aussi garder le feu sacré qui nous permet de ne pas nous décourager.

Le sens méconnu du mythe

Voyez pourquoi un mythe n'est pas une invention irrationnelle et naïve. Il est la manière de dire une vérité qui nous concerne, et qu'il serait impossible de décrire autrement.

Il ne s'agit pas de croire qu'il a existé un jour des êtres qui comme des sphères furent coupés par un dieu. Mais de voir si le mythe éclaire ou non notre existence.

Il ne faut donc pas le prendre pour une explication définitive. Nous avons à l'interroger, à chaque fois à neuf, selon notre propre expérience et les défis que nous rencontrons. En ce sens, questionner un mythe, c'est toujours questionner notre propre existence.

Pour comprendre ce dont il est ici question, pensons aux contes de fées. Les enfants aiment qu'on leur raconte des histoires et ils demandent parfois que nous leur racontions encore et encore la même. Ce n'est pas qu'ils l'ont oubliée et cherchent à mieux la connaître. Mais l'histoire parle de leur propre vie. L'écouter les aide à grandir.

Eh bien, le mythe est du même ordre. Il nous aide à grandir et à mûrir.

Et Narcisse, plus qu'aucun autre mythe, nous apprend comment grandir et être en phase avec notre désir le plus intime et le plus juste.

Le Narcisse du Caravage

Que Narcisse nous parle du désir profond, en chacun de nous, de retrouver notre unité originelle, voilà ce dont témoigne le tableau du Caravage, peint autour de 1600 et conservé à Rome, au Palazzo Barberini.

Je me souviens encore du choc que j'ai eu en le voyant.

J'avais commencé à travailler sur le narcissisme, et j'étais en proie à de profonds doutes : « Mais là, Fabrice, ne t'égares-tu pas, me disais-je. Ta conviction que les gens ne connaissent plus ce qu'est l'antique culture de soi, ne se respectent plus, voire se maltraitent, est certes vraie, mais tu ne peux pas aller contre l'idée reçue, contre l'opinion générale, qui affirme aujourd'hui que Narcisse est le nom de l'aveuglement pervers par excellence. »

Je lisais le texte d'Ovide et l'hymne homérique. Mais j'avais encore une inquiétude. Est-ce que tout ce que j'y voyais y était réellement ?

Et c'est en contemplant le tableau du Caravage, que j'ai été convaincu de m'engager dans cette quête.

Qu'y a-t-il dans ce tableau de si saisissant ?

Nous n'y voyons nullement un être imbu de lui-même, égocentrique – ce qu'est pour nous Narcisse. Mais tout au contraire, nous découvrons un jeune homme d'une innocence extraordinaire.

Mais il y a autre chose : le tableau est d'une ample douceur.

J'ai compris alors que là était la tonalité de fond du mythe de Narcisse. C'est cette *douceur* que l'on voit dans les représentations romaines – Narcisse est très présent par exemple à Pompéi – et que le texte d'Ovide évoque. Je n'y avais pas encore fait assez attention.

Le tableau du Caravage est d'autant plus frappant qu'il est inattendu, et ce pour deux raisons.

La première est que le thème n'est pas traité à travers une réflexion moralisante portant sur le danger de se regarder, une dénonciation habituelle de la vanité au XVIIe siècle. Narcisse aurait dû être le pendant de la Marie-Madeleine avant qu'elle ne se repentît.

Deuxièmement, comment le Caravage a-t-il pu peindre un tableau d'une telle douceur, lui qui a surtout peint des scènes d'une grande violence ?

Dans ses autres tableaux, le Caravage ne célèbre pas les mythes, il les défait[1].

Qu'a donc vu le Caravage dans ce mythe de si important pour qu'il en arrive à transformer son traitement habituel d'un sujet antique ?

Que veut-il nous dire de si fondamental ?

Il a compris le sens profond du narcissisme : l'importance de se reconnaître enfin, de se rencontrer, de retrouver ce qui nous anime, ce qui nous meut.

Se rencontrer, c'est toujours rencontrer une énigme

Il est devenu courant d'expliquer que chacun dans notre société est bien trop obsédé par lui-même. Mais c'est en réalité tout à fait faux. De soi-même, nous n'en avons le plus souvent pas grand-chose à faire. Passer sa vie avec soi nous semble ennuyeux et stérile. Nous aimerions bien pouvoir en faire l'économie.

C'est quand même plus intéressant de parler avec les autres qu'avec soi. Nous n'avons généralement aucune envie de nous rencontrer. On ne se sent du reste pas vraiment digne d'intérêt.

Mais ce travail, il nous faut le faire pour rencontrer quelqu'un pour de bon. Nous ne pouvons pas vraiment y échapper.

---

1. C'est là ce que remarque Hubert Damisch, soulignant que le tableau est une « exception mythologique » dans l'œuvre du Caravage « occupé à détruire la fable » (« D'un Narcisse l'autre », in *Narcisses*, *op. cit.*, p. 164).

Comment, en effet, puis-je répondre à un ami en grande difficulté qui me demande de l'aide, si je ne suis pas disponible pour lui ?

Et si je l'écoute, puis-je l'écouter vraiment, sans entendre comment ce qu'il dit résonne en moi. Pour être présent à mon ami, il faut que je m'écoute aussi.

L'androgyne nous invite donc à un double moment : être à l'unisson avec la personne que j'écoute et m'unir à ce que j'éprouve. Je dois entrer en résonance avec ce qui se passe en moi, pour être vraiment présent à l'autre.

Pourquoi sommes-nous alors si réticents à l'idée de nous rencontrer ?

En raison d'un grand malentendu : croire qu'être en accord avec soi va nous enfermer en soi comme dans une sorte de cagibi et nous fermer aux autres.

Or, c'est tout le contraire. Se rencontrer nous libère de peurs et d'attentes qui, elles, nous limitent.

Nous avons aussi peur que nous rencontrer ne nous enferme à double tour dans le cachot de nos angoisses. Or, c'est le contraire, se rencontrer, c'est ouvrir les portes de toutes nos prisons.

Nous découvrons que nous ne sommes pas réduits à être ce père ou cette mère de famille qui a tel métier, telle personnalité. Non, nous découvrons que nos identités ne disent pas tout de nous.

C'est là aussi le sens du conte de *La Belle au bois dormant*. Nous sommes tous un peu comme cette jeune fille endormie. Nous vaquons à nos occupations, mais quelque chose nous manque pour être pleinement. Et, un jour, un prince vient nous embrasser et nous réveille. Il nous réveille à la vie.

Nous devons tous être notre propre prince charmant. Nous devons tous embrasser la vie en nous.

Regardons à présent un peu plus en détail le tableau. Il est divisé horizontalement en deux parties égales : le personnage et son reflet, qui est plus difficile à distinguer, presque évanescent. Il semble prêt à disparaître, à replonger dans l'abîme d'où il vient.

Mais ce qui frappe surtout, c'est la manière dont les deux figures symétriques en demi-cercle forment une sorte de roue idéale. Le genou, dénudé, en occupe le centre. Il est à la fois l'agent d'unification du tableau et le pôle qui fait tout circuler.

Autrement dit, le tableau nous présente Narcisse comme un cercle – et désigne ainsi la quête de l'unité qui est parfois évoquée par le symbole de l'*ouroboros*.

Vous le connaissez tous. C'est le serpent qui se mord la queue et fait ainsi retour sur lui. C'est le grand symbole de la quête de l'unité. Il dessine un cercle qui se renouvelle sans cesse en une pure régénération.

L'*ouroboros* symbolise ainsi la continuité et le renouvellement sans fin, du monde et de la vie.

La figure du Narcisse exaucé est celle d'une réconciliation de ce qui était en nous disjoint : le masculin et le féminin, le « moi » et l'autre, le « moi » et le monde, l'intérieur et l'extérieur, l'espace et le temps.

Mythe et méditation

Cette unité, cette unité féconde, cette unité harmonieuse, personnellement, ce n'est pas par le mythe que je l'ai comprise, mais par la pratique de la méditation assise. C'est elle qui, en retour, m'a permis de comprendre le mythe.

La méditation ne consiste pas à chercher à faire le vide dans sa tête. Ou à être calme. À se détacher des réalités concrètes. Toutes ces approches nous égarent et témoignent juste de la difficulté à comprendre le geste si simple que chacun peut faire de se rencontrer.

Car c'est cela méditer : laisser s'estomper la séparation d'avec soi, d'avec le monde, d'avec la vie. Œuvrer aux épousailles avec le monde.

Mais comment méditer alors ?

En vous posant là où vous êtes. Simplement. Vous coïncidez avec votre existence comme elle est. Vous vous foutez la paix. Pour l'instant rien à faire. Vous pouvez juste être comme vous êtes. Juste un moment. Voilà la leçon de Narcisse.

Mais nous ne comprenons pas la méditation, comme nous ne comprenons pas Narcisse. Nous croyons que la méditation comme le mythe de Narcisse vont nous enfermer en nous-mêmes.

Or méditer n'est pas un enfermement, mais une délivrance. C'est faire l'expérience que j'ai le droit d'être comme je suis. Sans raison. Sans pourquoi. Simplement parce que je suis. Pas parce que j'ai tel ou tel passeport, tel ou tel compte en banque. Pas parce que j'ai fait ceci et pas cela. Pas parce que je suis un héros ou un génie. Non. Là, comme je suis, j'importe.

Voilà le geste fondamental de la méditation : nous inviter à nous autoriser à être.

Le reste : se poser corporellement comme ceci, trouver un sens d'assise, de verticalité, respirer en pleine présence, être ouvert à ses sensations est au fond secondaire. Ce qui importe est de se rencontrer, de rencontrer l'humanité en soi avec le regard pur de Narcisse. Ouvert. Sans intention. Qui ne saisit rien. Laisse être. Exactement comme ce que nous montre le Caravage.

Je me pose. Ouvert à ce qui est.

Et ainsi, sans avoir besoin de faire aucun effort, je touche un sens d'unité. Je ne suis pas séparé. Séparé de mon corps. Séparé de la lumière à ce moment de la journée. Du temps qu'il fait. De mon humeur.

L'androgyne est le symbole de cette réconciliation.

J'ai bien conscience de ce que pourrait avoir de déconcertant cette présentation de la méditation.

C'est que, pour des raisons de propagande, de marketing, d'ignorance ou de paresse, la méditation est réduite à une sorte d'instrument technique de gestion du stress pour être plus efficace. Mais voulons-nous vraiment devenir un robot encore et toujours plus performant – et un peu moins humain ?

Le rapport à soi auquel notre époque nous invite de toutes parts est de l'ordre de la gestion. Nous essayons d'obtenir de nous le meilleur rendement. De nous gérer nous-mêmes, comme si nous étions une sorte de capital qu'il faudrait faire fructifier, dont il faudrait augmenter le rendement. Or le rapport réel à soi ne peut être qu'un rapport de rencontre.

On se découvre avec curiosité, surprise et émerveillement.

C'est parce que nous avons perdu le sens de ce que pourrait être un rapport juste à soi que j'interroge ici le mythe de Narcisse.

Les deux mains sur l'onde

Si nous nous tournons de nouveau vers le tableau du Caravage, un détail doit nous arrêter : la place des deux mains.

Les deux amants sont séparés par un obstacle – la bordure de l'onde ici brisée. La main gauche veut rompre cette bordure. Elle cherche à caresser l'autre main. Narcisse veut désormais passer de la contemplation à l'étreinte.

En pénétrant dans l'eau, la main perd de sa consistance et se liquéfie. Comme ce geste est bien vu ! Il rend visible le défi auquel doit faire face Narcisse : « À combien de reprises il prodigua de vains baisers à l'onde trompeuse ! Que de fois, pour saisir le cou aperçu, il plongea dans l'eau ses bras, sans les refermer sur soi[1] ! »

1. Ovide, *Métamorphose*, III, 428-429.

Narcisse témoigne d'une des difficultés les plus profondes de l'existence. Être soi-même ne consiste nullement à se saisir, se figer, se fermer.

Certes la tentation est très forte. Et c'est là le risque le plus redoutable.

Consentir à vivre avec soi dans une attitude d'écoute, d'accueil et de respect n'est pas une mince affaire. Le mythe de Narcisse nous enseigne ce chemin.

Valéry et une manière d'ange

Mais comment alors développer un tel rapport à soi, fait de justesse et de tendresse ?

Le découvrir demande beaucoup de finesse. J'ai beaucoup appris sur cette question en lisant Paul Valéry. Aucun autre poète français n'a été aussi intensément hanté par la figure de Narcisse que lui. Dans les premiers textes, il décrit avec beaucoup de justesse la difficulté de l'entreprise. La moindre tentative de saisir cet idéal, de s'en emparer sensuellement, c'est-à-dire d'embrasser son reflet, est vouée à l'échec. Voulant me saisir, je ne fais que troubler l'eau et m'éloigner ainsi de ce que je cherche à retrouver.

Je suis très frappé que Valéry nous expose la même aventure que celle que nous montre le Caravage. Rien de plus nécessaire que de rencontrer son visage, rien de plus difficile aussi…

Si Narcisse nous invite à une rencontre profonde, cette rencontre est aisément manquée. Il faut beaucoup d'attention et de tendresse pour rencontrer le « soi » qui est de l'autre côté de l'eau, de l'autre côté du miroir.

C'est là toute la tâche à laquelle Valéry va penser toute sa vie jusqu'à son dernier texte : *L'ange*.

> « Une manière d'ange était assis sur le bord d'une fontaine.
> Il s'y mirait, et se voyait Homme, et en larmes, et il s'étonnait à l'extrême de s'apparaître dans l'onde nue cette proie d'une tristesse infinie.
> (Ou si l'on veut, il y avait une Tristesse en forme d'Homme qui ne se trouvait pas sa cause dans le ciel clair.)
> La figure qui était sienne, la douleur qui s'y peignait, lui semblaient tout étrangères. Une apparence si misérable intéressait, exerçait, interrogeait en vain sa substance spirituelle merveilleusement pure. »

Toute sa vie, Valéry interroge en direction de ce qu'il nomme parfois le « moi pur », à jamais indéfinissable, que nous sommes[1].

Car ce que l'on voit dans l'eau – c'est cela, le « moi pur »... non ces vestiges d'identités auxquels nous nous identifions à tort, ces émotions qui ne font en réalité que nous traverser, mais un « moi » sans contours, toujours ouvert.

Le rencontrer est difficile, et si profondément libérateur. C'est pourquoi Narcisse est un mythe. Car nous avons besoin d'avoir des images et des récits qui nous aident dans ce difficile métier d'être humain qui est le nôtre. Qui nous permettent de ne pas nous prendre pour qui nous ne sommes pas.

---

1. Jacques Derrida compare le « moi pur » que cherche Valéry avec « le Dieu d'une théologie négative », in « Qual Quelle » (*Marges de la philosophie*, Les Éditions de Minuit, 1972, p. 335).

Car, en effet, comment se rencontrer sans se leurrer ? Comment se voir sans s'aveugler ? Comment se retrouver sans se saisir ?

Tel est l'enseignement du mythe de Narcisse. Et cet enseignement dont témoignent Platon, Pausanias, le Caravage, Valéry se cristallise dans la figure de l'androgyne.

De manière très étonnante, Léon Abravanel, dit Léon l'Hébreu, un juif chassé d'Espagne en 1492 et réfugié à Naples, s'appuie sur le mythe évoqué par Platon pour proposer une lecture singulière de la Bible : Adam fut originairement conçu à l'image de Dieu et il possédait en lui deux registres, deux puissances qui lui conféraient une certaine perfection.

Mais il perdit confiance dans sa nature, il se sépara de lui, il se sépara de l'unité, il se sépara de sa féminité. Ève fut alors séparée de lui. Ce fut la Chute.

Autrement dit, la Chute n'est que la séparation de l'androgyne que nous avons tous été.

Ici aussi, il ne s'agit pas de croire littéralement à ce récit qui parle, à l'évidence, de manière symbolique. Il éclaire cette profonde nostalgie qui nous habite, ce désir de reconquérir un état qui est peut-être moins perdu qu'occulté.

Au fond, n'est-ce pas là le sens profond de tout enseignement spirituel, de toute poésie, de tout art : faire naître en nous une nostalgie pour un état de complétude dont nous sentons en nous le profond et secret désir.

Narcisse signifie ici l'inverse de ce à quoi nous l'avons réduit : non pas être amoureux de soi, mais chercher, en s'aimant, à retrouver notre être

originaire, un état où nous ne serions plus séparés des êtres et des choses.

Narcisse cherche à découvrir, derrière les apparences, l'intime harmonie de chaque chose, « l'archétype de son cristal[1] ».

Et cette quête est légitime. Nous avons tous à apprendre à vivre au cœur de la nostalgie, à assumer cette tension entre ce à quoi nous aspirons et ce qui est.

Cette quête, René Char l'explicite – « l'amour réalisé du désir demeuré désir ». Car ce qui fait la beauté du désir, la manière dont il peut orienter notre existence, est de demeurer désir, de ne jamais se fermer sur la simple satisfaction, de nous laisser ouverts sur le qui-vive, vivants.

Nous ne serons jamais entièrement et définitivement réunifiés. Narcisse ne pourra jamais embrasser son reflet dans l'eau.

Mais ce qu'il nous faut apprendre, c'est à ne pas renoncer à ce désir. C'est lui et lui seul qui nous donne l'allant et le courage de nous engager dans notre vie comme dans le monde…

1. André Gide, *Traité du Narcisse*, Librairie de l'Art indépendant, 1892.

Savoir ce que l'on veut

NARCISSE DÉSIRÉ

Chez Homère, Ovide et Pausanias qui nous présentent le mythe, Narcisse n'est absolument pas coupable. Bien au contraire. Il est une figure de l'innocence dans toute sa splendeur.

Mais Narcisse n'est pas qu'un héros littéraire, il est aussi le support d'une réflexion philosophique, en particulier chez Plotin.

Là, pour la première fois, Narcisse est coupable. Mais nullement de la faute dont nous l'accusons.

L'erreur de Narcisse, nous dit Plotin, tient à sa fascination pour une image. Pour la philosophie, c'est là une grave confusion : se laisser leurrer par ce qui n'est qu'une illusion, prendre pour réel ce qui n'est qu'une image.

Le vrai narcissisme, c'est se tourner non vers une image mais vers soi

Narcisse ne comprend pas qu'il est la cause de l'image qu'il voit et qui le fascine. Il ignore que le reflet qu'il contemple est *son* reflet. Il ne sait pas assez qui il est.

Nous faisons souvent cette erreur.

Nous nous identifions bien souvent à l'image qu'on nous renvoie de nous-mêmes qu'elle soit flatteuse ou au contraire dépréciative.

Pour Plotin, être narcissique ne signifie donc pas être obsédé par soi-même, être nombriliste, indifférent aux autres, ou encore manipulateur. Le narcissisme n'est pas envisagé comme une tare psychologique, mais comme une méprise sur notre nature propre. Il désigne l'attitude d'égarement sur ce que nous sommes au sens le plus fondamental.

Narcisse n'est donc nullement le symbole de la perversion égotiste, mais il symbolise l'être trop ingénu. Narcisse est un naïf, et cette naïveté, nous n'avons pas à la condamner, mais à nous en délivrer. Et c'est là le rôle de la philosophie.

À la découverte de notre vraie nature

Cette lecture du mythe a eu une influence considérable sur l'histoire occidentale. On la retrouve chez Marsile Ficin, l'un des philosophes majeurs de la Renaissance. Dans son célèbre commentaire du *Banquet* de Platon, il nous propose le récit du mythe de Narcisse. Il ne l'attribue pas à Ovide, mais à Orphée.

Pour Marsile Ficin, Orphée est le poète des poètes, un des anneaux d'une chaîne de sages qui relie la figure biblique de Moïse, Hermès Trismégiste, Pythagore, Platon et ses successeurs.

Écoutons à présent Marsile Ficin :

> « Narcisse adolescent, c'est-à-dire l'âme de l'homme imprudent et inexpérimenté, ne regarde pas son visage, elle ne prête aucune attention à sa propre substance et à sa propre vertu. Mais Narcisse poursuit dans l'eau son ombre et tâche de la saisir, c'est-à-dire qu'il admire dans le corps éphémère et semblable à l'eau qui s'écoule, une beauté qui n'est que l'ombre de la sienne[1]. »

Narcisse est l'âme qui ne se connaît pas, c'est-à-dire qui ignore sa véritable nature. Combien de gens,

---

1. Marsile Ficin, *Commentaire sur le Banquet de Platon*, éd. et trad. P. Laurens, Les Belles Lettres, 2002, p. 194.

comme lui, ne savent plus qui ils sont. C'est pourquoi Plotin et Ficin nous rappellent que l'important est de se porter attention.

Or voilà exactement ce que je nomme « narcissisme ».

Pierre Hadot, dont l'œuvre par sa grande liberté a renouvelé notre lecture des Grecs, remarque que si Plotin condamne un certain narcissisme, il nous en propose, en vérité, un autre. Plotin nous invite à abandonner le narcissisme comme fascination envers une image vaine et fugitive, pour nous tourner vers ce que nous sommes vraiment. Pierre Hadot a bien raison de montrer que tel est le véritable sens du narcissisme, lui qui a su repérer dans le mythe son sens profond et oublié.

Il nous faut revenir à nous.

C'est pourquoi, dans ses textes, Plotin nous invite à prendre exemple sur Ulysse, le héros qui, après une très longue errance sur la mer, parvient à rejoindre sa chère patrie et à retrouver sa femme Pénélope. Faire comme Ulysse, c'est rentrer chez soi, remonter à la source de la beauté qui n'est nulle part qu'en soi.

C'est en ce sens que Plotin écrit :

> « Reviens en toi-même et regarde. Si tu ne vois pas encore ta propre beauté, fais comme le sculpteur d'une statue qui doit devenir belle… Enlève tout ce qui est superflu, redresse ce qui est oblique… ne cesse de sculpter ta propre statue, jusqu'à ce que brille pour toi la clarté divine de la vertu. »

Quel texte extraordinaire ! **Être narcissique ne consiste pas seulement à nous rencontrer mais aussi à nous façonner, à nous transformer, à travailler sur nous-mêmes.**

Là est un tout autre aspect de la métamorphose.

Et cette rencontre, nous dit Plotin, est une jubilation profonde : « Qu'éprouvez-vous, en voyant votre propre beauté à l'intérieur de vous-mêmes ? Comment se fait-il qu'alors vous soyez saisis d'un transport de bacchantes, d'une émotion, d'un ardent désir de vous réunir à vous-mêmes, en vous recueillant en vous-mêmes[1]. »

Le don extraordinaire et méconnu que nous offre la beauté

Mais comment faire ce retour sur soi-même ?

Répondre à cette question permet de comprendre combien ce que nous racontons du narcissisme est creux.

On prétend que tout le monde serait trop narcissique, désireux de ne penser qu'à soi.

Mais en réalité, c'est tout le contraire !

La plupart des gens n'ont aucune envie de s'arrêter pour se regarder. Ils s'en fichent éperdument d'eux-mêmes. Ils consomment. Ils utilisent les choses, les êtres. Ils veulent qu'on les rassure. Qu'on les aime. Mais eux, ils ne s'aiment pas. Ils ne se supportent pas.

Les gens ne sont pas indifférents aux autres parce qu'ils sont trop profondément à l'écoute de ce qui les habite, mais parce qu'ils sont coupés d'eux-mêmes, qu'ils ne sentent plus rien, qu'ils ne pensent plus vraiment.

C'est tout simple. La plupart des gens sont incapables de rester en silence quelques minutes

1. Plotin, *Ennéade*, I, 6,5.

avec eux-mêmes. De prendre le temps de penser. De s'arrêter.

Et comme on leur dit depuis le berceau qu'il ne faut pas se regarder, pas se rencontrer, ni être narcissique, on renforce cette tendance malheureuse.

Comment faire ? Les philosophes nous proposent un chemin surprenant : nous tourner vers la beauté.

Car la beauté nous arrête, et surtout elle nous conduit à nous retourner sur nous-mêmes. Elle nous invite à être narcissique.

J'écoute *Le Carillon de Cythère* composé par Couperin. Je suis profondément ému. Je rencontre en moi une dimension de tendresse et de douceur que j'avais oubliée. Je n'écoute pas seulement un morceau de musique, je m'ouvre à des qualités qui m'habitent. Je me rencontre.

Je ne le voulais pas, mais me voilà comme pris au piège par la beauté. Ce n'est évidemment pas moi qui m'intéresse, mais la musique, que j'entends d'autant mieux que je suis sensible à la manière dont elle m'émeut, dont sa beauté m'éveille.

C'est ce que comprend Rilke dans un poème écrit en regardant la sculpture grecque d'un Apollon :

> « Nous n'aurons jamais vu sa tête légendaire
> Aux yeux mûrs comme des fruits
> Mais nous voyons son torse encore incandescent
> Flamme vacillante pourtant, mais qui
> Perdure et brille.
> Sans elle d'où viendrait la lumière
> Qui suit, éblouissante, la courbure des muscles ?

Et comment le sourire issu du fin mouvement des reins
Coulerait-il jusqu'au sexe lourd, à la mi-temps du corps ?
Sans elle ce roc se dresserait
Court et difforme à la chute diaphane des épaules ;
Il ne scintillerait pas comme une peau de fauve.
Il ne jaillirait pas hors de ses limites
Comme font les étoiles : car il n'y a pas de lieu
D'où l'on ne t'aperçoit. Tu dois changer ta vie[1] ! »

Au lieu d'en rester à l'émerveillement de contempler la beauté de la sculpture comme étant là, devant lui, un simple objet d'art, Rilke nous invite à un mouvement de retournement. C'est le sens de la phrase : « Tu dois changer ta vie. »

Le torse d'Apollon qu'il voit dans cette lumière le transforme et le remet en face de sa responsabilité d'être humain.

La beauté de la sculpture l'éveille à lui-même, à sa manière d'être.

N'est-ce pas du reste une expérience très commune ? Ceux qui sont frappés par un poème, un concert, un tableau ne constatent-ils pas que cette œuvre les grandit ? Elle éclaire en profondeur le sens tout entier de leur existence.

Je vois une pièce de théâtre. Elle me transporte. Pourquoi ? Parce que je ne la regarde pas juste comme

1. Rainer Maria Rilke, « Torse archaïque d'Apollon », *Nouveaux Poèmes*, trad. J. Dufresne, L'Agora, n° 57, automne 2004.

un spectacle. Elle me fait vivre une expérience. Elle éclaire ma propre vie. Elle me renvoie à moi-même.

Pourquoi devant un champ de fleurs, pourquoi devant un cheval au galop, ou le spectacle de la mer au clair de lune, sommes-nous si profondément réjouis ? Pourquoi en présence d'un ami, notre visage s'éclaire-t-il ?

Parce que alors notre « moi » profond s'éveille.

Devenez narcissique en ce sens : laissez la beauté être votre Ulysse qui vous reconduit à vous-même.

Et ce retour sur soi, loin d'être un enfermement égocentrique, nous ouvre au contraire de manière incomparable à ce que nous considérons.

La philosophe Simone Weil, en commentant l'*Hymne à Déméter* évoque cette question d'une manière tout à fait étonnante : « Le narcisse, écrit-elle, est la fleur qui représente Narcisse, cet être si beau qu'il ne pouvait être amoureux que de lui-même. La seule beauté qui puisse être un objet d'amour pour elle-même, qui puisse être son propre objet, est la beauté divine, qui apparaît ici-bas sous la forme de la beauté du monde, comme un piège pour l'âme… »

Pourquoi, dans le mythe, Narcisse est-il partout décrit comme un très beau jeune homme ?

Parce que sa beauté est celle qui nous permet de nous rencontrer. Devenir narcissique, c'est découvrir notre propre beauté.

Mais pourquoi Simone Weil écrit-elle que la beauté est un piège ?

Parce que nous croyons qu'elle est extérieure et que, du coup, nous ne sommes pas du tout inquiets quand nous la rencontrons. « Oh tiens, voilà un beau champ de fleurs ! » et cela nous réjouit.

Si on nous invitait à nous retourner sur nous-mêmes pour nous rencontrer, nous n'aurions pas du tout envie de le faire. Comme je l'ai dit, on se trouve assez ennuyeux. Entre passer un peu de temps avec soi, dans la solitude, ou aller voir un film d'aventures, on n'hésite pas trop. On choisit d'aller au cinéma !

Mais heureusement la beauté nous piège. Elle nous bouleverse – elle nous retourne. Elle nous donne envie de nous y abandonner. Et sans nous en rendre compte, nous sommes ainsi ramenés à nous. Et nous découvrons, surpris, qu'il y a une véritable splendeur qui y règne.

Car, franchement, qui croit qu'il y a en lui une splendeur éclatante ? Heureusement la beauté permet de surmonter ce redoutable obstacle.

Le narcissisme est un héroïsme

Cette rencontre me permet vraiment de m'ouvrir aux autres.

En effet, qu'est-ce que je fais quand je me donne aux autres, quand je me consacre à eux, quand je les aide ? Cet engagement n'est-il pas fait au nom d'une certaine idée de ce que veut dire pour moi être humain ?

Il faut donc que j'aie touché en moi un sens de dignité, pour vouloir la protéger.

C'est pour cette raison que j'ai un doute profond sur la conception habituelle qui valorise le sacrifice, qui en fait même le sommet de l'éthique. Le sacrifice repose sur l'idée que je suis en faute d'être, que je suis coupable d'être.

Pour que mes propos soient clairs, prenons l'exemple d'Arnaud Beltrame. Ce lieutenant-colonel qui a perdu la vie lors de l'attaque d'un terroriste dans le Super U de Trèbes, près de Carcassonne, en mars 2018.

Arnaud Beltrame s'est-il sacrifié pour une inconnue, comme nombre de commentateurs l'ont dit ?

Je me souviens de mon malaise quand l'on répétait en boucle que tel était le sens de son geste.

Quelques jours après sa mort, sa mère a tenu à rectifier ce que la plupart des commentateurs et des hommes politiques disaient de son fils. Son fils, expliqua-t-elle, ne s'est pas sacrifié. Il a pensé qu'il pourrait vaincre le terroriste.

C'est tout différent !

Arnaud Beltrame n'a pas voulu mourir. Il a pensé que l'idée de justice et de paix en passait par le fait de prendre un risque immense, le risque de mettre sa vie en jeu. Cet engagement n'est pas un déni de lui-même, une mortification née d'un mépris de soi, mais tout au contraire il est le fruit d'une grande confiance en soi et d'un sens de la grandeur. Une grandeur que son parcours de vie a nourrie, favorisée et déployée.

Arnaud Beltrame ne s'est pas sacrifié parce que son moi était haïssable, coupable d'être. Mais, parce qu'il était en accord avec lui, qu'il avait confiance en lui, il a décidé de risquer sa vie, d'être à la hauteur de lui-même.

C'est essentiel. Il est tout différent de risquer sa vie parce que vous êtes habités par une aspiration héroïque et grandiose, et vouloir vous sacrifier parce que vous ne valez rien, ou en tout cas moins que l'autre.

C'est du reste une expérience quotidienne : si un parent, un collègue, un enseignant vous explique qu'il se sacrifie pour vous, cela vous pèse lourdement. Si au contraire, il vous aide parce que cela lui fait plaisir et le rend heureux, vous restez libre.

L'idéologie intenable de l'homme égoïste

Mais pourquoi donc comprenons-nous ce que fait Arnaud Beltrame comme un sacrifice, et non comme un acte d'héroïsme reposant sur un accord avec soi, un accomplissement de soi ?

Pour y répondre, il faut faire un détour par l'Histoire. Nous constatons que toutes les cultures ont valorisé les actes héroïques. Toutes ont célébré les héros, en ont fait des modèles pour inspirer les plus jeunes.

Dans le monde grec, les aventures d'Achille, d'Hercule ou d'Ulysse en témoignent.

Au Moyen Âge, les textes chevaleresques évoquant Lancelot, Perceval, Yvain nous décrivent des êtres humains qui se dépassent, dépassent leurs limites, partent à l'aventure au nom d'un certain idéal qui est une manière éminente de se respecter.

Mais, au XVIIe siècle, se développe une critique de cette vision, incarnée en partie, mais en partie seulement, par les jansénistes. L'évêque Jansénius engage ses contemporains à la haine et au mépris de soi. Le texte des Évangiles : « Tu aimeras ton prochain comme toi-même » pose désormais problème. Non, l'amour de soi ne peut pas être le modèle de quoi que ce soit.

Il faut déraciner l'idée d'héroïsme qui nous donne l'illusion que l'homme pourrait par lui-même faire un acte juste et bon. Non, l'homme est un être égoïste. Seule une conversion complète à Dieu peut lui permettre de faire quoi que ce soit de moral.

C'est un renversement complet de perspective. L'instauration d'une abyssale méfiance de l'homme envers lui-même.

Il faut détruire l'idée même d'héroïsme qui repose sur la grandeur *possible* qui réside en chaque être humain.

Désormais, on explique que l'homme est égoïste par nature, et ce non seulement dans le champ religieux, mais aussi dans celui de l'économie et de la politique.

Politiquement, telle est la conception de Hobbes selon laquelle l'homme est un loup pour l'homme.

Économiquement, Adam Smith, dans *La Richesse des nations* (1766), explique que l'économie repose sur un égoïsme nécessaire et juste : « Ce n'est pas de la bienveillance du boucher, du brasseur ou du boulanger que nous escomptons tirer notre dîner, mais de l'attention qu'ils accordent à leur intérêt. »

Est ainsi inventé un individu, atome social dirigé par son seul calcul égoïste.

Puis cette fiction, qui repose sur une manipulation idéologique, a été liée à une sorte de darwinisme social : les plus gros animaux mangent les plus petits, et cette loi de la jungle est la vérité sociale.

L'enfermement est complet.

Le fondement idéologique de la dictature de la rentabilité du capitalisme extrême, qui réduit toute chose à une donnée comptable, repose sur la destruction du narcissisme de tous les êtres humains. Être narcissique, c'est l'attaque la plus profonde, la plus décisive que l'on puisse porter contre ce capitalisme extrême qui détruit les êtres et la Terre.

L'être humain n'est pas par nature égoïste, ne cherchant qu'à détruire l'autre. Il lui arrive d'être fragile, de s'égarer, de se tromper sur qui il est. Il lui arrive de faire le mal. D'être monstrueux. Mais il lui arrive aussi de faire des actes extraordinaires.

Dire : « Voilà ce que c'est que l'être humain » est une détermination qui le fige complètement et ne repose sur aucun fondement rationnel. En réalité, personne ne peut dire de manière catégorique : « L'être humain, voilà ce que c'est. » Il y a des gens qui sont extraordinaires comme il y en a qui sont monstrueux. Et un même individu peut parfois passer du meilleur au pire, et inversement.

La responsabilité éthique

Concevoir l'être humain comme un être égoïste, enfermé en lui-même, entraîne d'autres conséquences tout aussi inquiétantes. Puisque les agents économiques agissent selon leur seul intérêt, c'est donc désormais une sorte de main invisible qui va œuvrer pour le bien commun, et leur engagement éthique n'a plus à entrer en ligne de compte.

Nous avons ainsi liquidé la responsabilité éthique et nous voyons chaque jour les ravages de cette liquidation.

N'est-ce pas ce que nous voyons partout aujourd'hui ? Ce qui décide, c'est le Marché, qui est devenu notre *dieu* avec ses vérités indiscutables, ses dogmes, et qu'il faut contenter, à qui on ne peut déplaire, à qui il faut tout sacrifier.

Or voilà ce qu'il faut refuser !

Je ne prétends pas que le boulanger dont parle Adam Smith est altruiste plutôt qu'égoïste. Le problème me semble très mal posé.

Ce que je crois est que le boulanger ne peut pas échapper à l'exigence éthique, c'est-à-dire au sens qu'il se fait de son humanité.

Il ne s'agit pas ici d'inviter les gens à être gentils et non pas méchants. Il s'agit de rendre à chacun de nous la réalité concrète de notre existence, dont on nous a privés.

Narcisse nous rappelle que nous sommes responsables. Que nos actions, nos décisions nous engagent.

Dans *Sauvez votre peau, devenez narcissique*, j'évoque Eichmann, le haut fonctionnaire du IIIe Reich qui n'a cessé d'expliquer, lors de son procès à Jérusalem en 1962, qu'il n'avait fait qu'obéir aux ordres. L'essentiel à ses yeux était de mener à bien la tâche qui lui était confiée, quelle qu'elle soit. Il est devenu un criminel non parce qu'il était égoïste, mais parce qu'il était docile, servile, obéissant aveuglément aux ordres, se conformant à l'institution, refusant de penser, de sentir par lui-même.

Ce que nous disent nos désirs profonds

Lorsque Platon concevait la philosophie tout entière comme une école du désir, il montrait que le danger qui nous menace tous est de ne plus savoir ce que nous devrions désirer. De devenir un simple rouage. Un être amoindri.

C'est en renouant avec le sens le plus profond de notre désir que nous pouvons devenir responsables et même dans certains cas héroïques.

Le mythe de Narcisse nous invite à retrouver l'allant qui seul peut nous permettre de nous engager pour de bon.

Pour chacun de nous, il est souvent difficile de démêler ce que nous voulons de toutes les demandes des autres qui s'imposent à nous.

Combien de gens finissent par vivre une autre vie que la leur, une vie par procuration ?

Et tout le monde connaît le prix à payer : quand nous sommes trop loin de notre désir, nous perdons notre consistance. C'est souvent des moments de vide, et parfois même de grande mélancolie.

Philosopher, ce n'est pas être installé dans la sagesse. Et c'est pourquoi la philosophie ne se nomme pas *sophia* mais *philosophia*. Elle est l'amour entièrement tendu vers le savoir. Et pour Platon, cet amour s'articule avec la reconnaissance de ce qui me manque vraiment pour être. La philosophie ne vise nullement, nous dit-il, à nous calmer, à nous détacher de tout, selon l'idée si niaise que nous avons du sage.

Et vous comprenez mieux à présent pourquoi je suis si enragé contre l'idée de sagesse, de sérénité, de calme.

La philosophie doit nous inquiéter, nous déplacer, nous faire sortir de notre zone d'ignorance et de confort.

Il faut se souvenir de la question que Socrate ne cesse de poser à tous ceux qu'il rencontre : « Que désires-tu ? Quelle vie choisis-tu de vivre ? »

C'est là, je crois, que réside le sens profond du mythe de Narcisse : savoir se poser la question essentielle de ce que je veux. Et c'est par ce questionnement et par ce questionnement seulement que je peux trouver une paix juste et profonde – nullement en essayant d'être calme.

Est-ce que je veux le pouvoir, la puissance ou bien est-ce que je désire me construire, élaborer la statue que je suis en me formant pour de bon ?

Nous sommes méfiants à l'idée de nous tourner vers nous, de nous mettre à l'écoute de cette force en nous. Et pourtant, c'est ainsi que je peux savoir ce que j'aime, ce que je désire, ce à quoi je veux me consacrer. Narcisse est bien le gage de toute éthique possible.

Être soi

NARCISSE EXAUCÉ

Narcisse fait son come-back *!*

À la fin du XIXe siècle, à partir de Mallarmé, Narcisse devient une source d'inspiration pour toute une génération de poètes et d'écrivains.

Paul Valéry publie, en 1891, *Narcisse parle.* La même année paraît le *Traité du Narcisse* de Gide et le *Pierrot narcisse* d'Albert Giraud. L'année suivante paraît le *Narcisse* de Joachim Gasquet et en 1894 *Éleusis, causeries sur la cité intérieure* de Camille Mauclair.

Pourquoi à ce moment-là précisément, Narcisse fait-il son *come-back* ?

Parce que l'Occident fait face à deux phénomènes.

D'une part, une sorte d'uniformisation qui conduit à un monde en masse, et, d'autre part, un quotidien mécanisé, gris, terne, fatigué.

Narcisse devient à ce moment précis un modèle. Celui du refus d'être un simple maillon d'une machinerie déshumanisante, un élément d'une « masse » gérée comme du bétail. Narcisse devient le nom qui permet de penser la révolte à mener. Car au fond, dans une telle situation, devenir « narcissique » c'est secourir la liberté, le sens de l'accomplissement, et une société vivante et respectueuse de la singularité de chacun.

Narcisse nous invite à nous échapper du cercle étroit où l'on tourne « comme des chevaux idiots d'un cirque de foire[1] » pour reprendre les termes d'une lettre de Mallarmé.

---

1. Lettre à Cazalis, in Henri Mondor, *Vie de Mallarmé*, Gallimard, 1942, p. 125.

Aujourd'hui, Narcisse est tout aussi nécessaire. Certes nous ne vivons plus à la même époque. L'uniformisation dénoncée par Mallarmé prend des visages nouveaux.

C'est désormais en croyant être individualiste, en croyant être libre, qu'on se soumet, sans nous en rendre compte, à une redoutable uniformisation.

En effet, on nous pousse à nous différencier du voisin en achetant tel produit plutôt que tel autre ! Et ainsi plus nous pensons être singuliers, en mangeant dans tel fast-food, en achetant telle paire de baskets, plus nous sommes comme tout le monde.

Avouez que c'est un peu pervers. Mais oui, c'est pervers !

Le système actuel du capitalisme extrême qui est le nôtre est pervers. « Soyez vous-mêmes en consommant tel produit fabriqué en masse, soyez libre en consommant tel produit fabriqué en masse. »

En prétendant nous rendre libres, on nous trompe.

Se regarder dans un miroir

Mallarmé offre un antidote efficace à cette aliénation :

> « Je me mire et me vois ange !
> Et je meurs, et j'aime
> – Que la vitre soit l'art, soit la mysticité
> À renaître, portant mon rêve en diadème,
> Au ciel antérieur où fleurit la Beauté[1] ! »

---

1. Stéphane Mallarmé, « Les Fenêtres », *Poésies*, Nouvelle Revue française, 1913.

Alors que je cherchais à mieux comprendre le sens de l'engagement auquel nous invite le mythe de Narcisse, ces vers m'ont saisi. Enfin quelqu'un réussissait à nommer l'expérience que j'essaye de comprendre.

Il arrive parfois qu'un poète réussisse à revenir à la source d'un mythe et à l'éclairer. C'est tout à fait commotionnant. Car nous avons tendance à croire que, pour comprendre un mythe, nous n'avons d'autres possibilités que de nous tourner vers l'étude des sources historiques.

Or certains poètes parviennent à entendre la parole la plus originaire et à nous la transmettre. Ils semblent avoir un accès direct au monde même du mythe.

Pour comprendre ces vers, remontons à l'expérience qu'ils chantent : demandons-nous par exemple ce que nous faisons quand nous nous regardons dans un miroir ?

On dit généralement que les gens qui passent des heures à se regarder le font parce qu'ils s'aiment trop, parce qu'ils sont trop « narcissiques » au sens négatif du terme.

Mais connaissez-vous vraiment quelqu'un qui se regarde des heures dans la glace en étant dans un état de béatitude et de complétude profonde ?

À part le Schtroumpf Coquet, je ne connais personne qui fasse cette expérience.

En réalité, les gens qui se regardent pendant des heures dans la glace le font parce qu'ils sont très inquiets de leur propre image, ils veulent la maîtriser, la corriger.

Pourquoi ? Parce qu'ils ne l'aiment pas. Ils ne sont donc pas trop narcissiques.

Ils sont même dans l'attitude inverse à celle de Narcisse que nous raconte le mythe.

De même ceux qui ont besoin qu'on leur dise tout le temps qu'ils sont géniaux, qui mendient votre appréciation, qui veulent que vous soyez leur miroir, sont dans un tel état parce qu'ils sont inquiets de ce qu'ils sont. Ils ne se sont pas rencontrés et donc, ils ne se voient pas. Sont-ils alors narcissiques ? Évidemment que non.

Du reste, on le voit bien ! Ceux qui mendient vos compliments ne sont jamais comblés. Il leur en faut toujours plus.

En réalité, la plupart d'entre nous ne se regardent presque jamais avec beaucoup d'attention. Nous ne le faisons qu'en passant. Pour nous raser le matin. Pour nous maquiller. Pour vérifier qu'il ne reste pas une trace de glace au chocolat au coin de nos lèvres. Mais pas pour nous voir et rarement, si ce n'est jamais, pour nous rencontrer en vérité.

En fait, contrairement à ce qu'on raconte partout, nous n'aimons pas trop nous voir.

Qui prend plaisir à se voir dans la glace ? Pas beaucoup de gens !

Cette image qui se reflète nous met un peu mal à l'aise. On éprouve une certaine gêne à se voir.

Généralement, on explique que c'est dû à un manque d'estime envers nous-mêmes. Cela peut ou non être le cas, mais ce n'est pas du tout essentiel.

Ce qui l'est, c'est qu'alors nous sentons que l'image que nous voyons de nous dans le miroir n'est pas complètement nous. Que nous ne nous y réduisons pas.

Je suis certes cet homme de cinquante ans que je vois, mais je me sens aussi cet enfant que j'étais, et que par bien des côtés je suis encore, je suis le personnage du roman dont je lis les aventures, et tant d'autres encore.

Se voir, c'est faire l'épreuve d'un écart entre notre image et l'expérience que nous faisons de nous-mêmes.

Face à cette situation s'ouvrent devant nous deux possibles.

Soit nous refusons cet écart. Nous ne pouvons pas le soutenir. Et là nous essayons coûte que coûte de coller à l'image que nous aimerions découvrir de nous. Mais la fascination qui vient alors – celle par exemple de certaines personnes qui veulent sculpter ou refaire leur corps à l'image d'une star – ne fait que renforcer la coupure avec soi de manière toujours plus douloureuse.

Soit nous acceptons cet écart. C'est à quoi nous invite le texte de Mallarmé. **Nous avons à mourir à une certaine idée de soi pour renaître au cœur de l'espace ouvert par l'œuvre d'art. C'est ainsi qu'en nous mirant, nous voyons l'ange que nous sommes.**

L'art en question

Certes, cela ne semble pas évident. Franchement, en me regardant dans la glace, voir l'ange que je suis est un défi.

Mais dans l'œuvre d'art, tout le monde peut y arriver.

Autrement dit, pour nous reconnaître cessons de nous regarder en vain dans le miroir de l'ascenseur, choisissons plutôt l'œuvre d'art.

Je me retrouve, pour ma part, bien davantage en écoutant *L'Après-Midi d'un faune* que Debussy mit en musique à partir d'un poème de Mallarmé, qu'en me regardant dans la glace.

C'est cela que Mallarmé nomme la « mysticité du miroir », un espace d'initiation et de métamorphose.

Dans l'art, nous rencontrons « la Divinité [qui] n'est jamais que Soi », énonce dans un autre poème Mallarmé.

La divinité est pensée généralement comme extérieure à nous, comme ce à quoi nous devons nous soumettre, dont il faudrait avoir peur. Et c'est pourquoi la remarque de Mallarmé nous surprend.

Car lui nous montre que la Divinité est *en nous*. Et la rencontrer nous libère du « moi impur ».

S'éclaire ici un autre aspect du mythe.

Narcisse, nous disait le devin Tirésias, dans le texte d'Ovide, mourra s'il se connaît.

L'oracle de Delphes que déploie Socrate affirme : « Connais-toi toi-même. »

Ces deux phrases ne sont-elles pas contradictoires ?

En réalité non, elles constituent les deux faces d'une même pièce.

Se connaître, c'est mourir à ses opinions arrêtées, à ses convictions versatiles, à toutes les images de soi auxquelles nous nous sommes identifiés. Et c'est ainsi que nous pouvons nous ouvrir sans réserve à l'inconnu qui nous habite.

Je me vois dans la glace. Est-ce que c'est vraiment moi que je vois ?

Non, disais-je, parce que je sais bien qu'au fond je suis plus que cela. Je sais bien qu'il y a quelque chose de plus vaste.

Camille Mauclair, un des disciples de Mallarmé, décrit ce passage d'un état à un autre en expliquant que : « Narcisse sort de son moi pour devenir Soi[1]. »

Ce passage est bien une métamorphose, dont celle du jeune homme en fleur est le symbole le plus beau.

Pourquoi Socrate dit-il : « Connais-toi toi-même » ? Pour nous inviter à nous connaître comme étant autre que ce que nous croyons être. Pour nous permettre de devenir la fleur du renouveau.

Et pourquoi Tirésias dit-il que Narcisse mourra s'il se connaît ?

Parce qu'il ne s'agit pas de se connaître comme je crois que je suis déjà. Ce qui serait un enfermement.

Il faut nous connaître non comme un être limité, mais comme un ange capable du meilleur.

Voici comment le dit le poète américain Walt Whitman :

> « Je chante le soi-même, une simple personne séparée,
> Pourtant je prononce le mot démocratique, le mot En Masse,
> C'est de la physiologie du haut en bas, que je chante,
> La physionomie seule, le cerveau seul, ce n'est pas digne de la Muse ;
> Je dis que l'Être complet en est bien plus digne.
> C'est le féminin à l'égal du mâle que je chante,
> C'est la vie, incommensurable en passion, ressort et puissance,

1. Camille Mauclair, *Éleusis, Causeries sur la cité intérieure*, Perrin, 1894.

Pleine de joie, mise en œuvre par des lois divines pour la plus libre action,
C'est l'Homme Moderne que je chante [1]. »

Être soi, nous dit-il, c'est être un individu unique, singulier certes, mais aussi ordinaire. Tout à fait ordinaire même.

Qu'est-ce à dire ?

Être unique, ce n'est pas être hiérarchiquement supérieur aux autres. Être unique, c'est être simplement et banalement soi.

Autrement dit, pour être vous-mêmes vous pouvez soit reconnaître l'ange qui est en vous, comme nous y invite Mallarmé, soit devenir commun, comme nous y invite Walt Whitman. En fait ce sont deux manières de décrire une même expérience.

Et ce que je rencontre ainsi, dit Walt Whitman, c'est un être unifié – non pas le cerveau seul, mais un esprit et un corps. Un être qui n'oppose pas le masculin et le féminin. Un être réconcilié et qui accepte la diversité des êtres.

Par là, par ce travail, je suis « En Masse », mais non au sens de l'uniformisation écrasante que dénoncent les poètes français, mais comme cette possibilité pour *chacun* d'être soi-même avec tous les autres.

---

1. Walt Whitman, *Feuilles d'herbes*, trad. Jules Laforgue, Gallimard, 1960.

Paul Valéry et Rainer Maria Rilke

Deux des poètes qui vont le plus amplement méditer Narcisse leurs vies durant, Valéry et Rilke, ont longuement médité l'héritage de Mallarmé – à la fois ce que veut dire, pour lui, la rencontre avec soi, et le sens nouveau qu'il donne à l'art.

Narcisse parcourt toute l'œuvre de Valéry, puisque le premier poème éponyme date de 1891 (Valéry avait alors vingt ans) et le dernier, de 1941 (soit quatre ans avant sa mort).

En cinquante années, Valéry a publié huit textes sur ce thème, qui a donc traversé la totalité de sa carrière poétique[1].

À côté de cette œuvre poétique publique, Valéry a écrit des *Cahiers* où il s'est livré à un vertigineux examen de lui-même par lui-même. Là, il revient à de nombreuses reprises sur ce thème. Il écrit ainsi :

« Narcisse, – La confrontation du Moi et de la Personnalité[2]. »

Valéry oppose la personnalité figée : le nom, les habitudes, les penchants, l'être arrêté, fixé – au « moi pur » qui est le centre universel, la capacité de changement, la jeunesse éternelle de l'oubli.

---

1. Il existe trois variations principales : « Narcisse parle », « Fragments du Narcisse » et « Cantate du Narcisse », auxquelles s'ajoutent des ébauches et versions non définitives, mais néanmoins publiées. À ces textes, il faut ajouter *L'Ange*, datant de mai 1945.

2. Paul Valéry, *Cahiers II*, Gallimard, « Bibliothèque de la Pléiade », 1974, p. 341.

Je suis un homme de tel âge : cela est fixé.

Je suis maladroit. C'est fixé.

Mais je suis aussi ce « moi », sans détermination, qui peut être entièrement nouveau et même multiple…

Quand on se regarde dans la glace, c'est cela qui se passe. Vous avez un léger conflit entre l'être inscrit, fixé, arrêté et la fonction renaissante.

Prendre le temps d'en faire l'expérience est une source de joie profonde. Nous ne sommes pas restreints à nos identités.

Rilke a lui aussi longuement contemplé le mythe de Narcisse, qui hante toute son œuvre. Il a écrit thématiquement quatre poèmes sur cette figure. Deux ont été rédigés en allemand, en 1913.

À la toute fin de sa vie, il revient de nouveau sur Narcisse, en français cette fois. Dans le cinquième poème du recueil *Les Roses*, il écrit ainsi :

> « Abandon entouré d'abandon,
> Tendresse touchant aux tendresses…
> C'est ton intérieur qui sans cesse
> Se caresse, dirait-on ;
> Se caresse en soi-même,
> Par son propre reflet éclairé.
> Ainsi tu inventes le thème
> Du Narcisse exaucé. »

Il faut ici que je fasse une confidence. J'ai tenu comme la plupart d'entre vous Narcisse comme le symbole d'une faute majeure. Être narcissique, c'était être enfermé en soi. Quand j'enseignais la méditation, j'ai longtemps expliqué qu'il fallait se rencontrer sans être narcissique – répétant ce que j'avais entendu sans l'examiner.

Il a fallu qu'un jour j'entende une femme dire de manière un peu trop brutale à son fils qu'il était « narcissique » pour que je m'interroge. Mais si je me suis arrêté ce jour-là, c'est que m'est revenu comme un flash ces mots de Rilke : « Narcisse exaucé. »

Je ne l'avais pas compris, mais il restait là en moi, énigmatique.

Et là, d'un seul coup, il m'a mis en mouvement, il a ouvert mon entente.

Ce poème est étonnant, car Rilke invente un nouveau mythe pour notre temps, le « Narcisse exaucé ». Narcisse chez Ovide est pris par une certaine tension, un risque de se méprendre sur soi. Mais là, Narcisse est exaucé, comblé par une expérience de plénitude.

C'est là le sens des deux premiers vers :

> « Abandon entouré d'abandon,
> tendresse touchant aux tendresses… »

Les échos que nous y entendons ne signent plus la stérilité comme l'Écho d'Ovide, mais un sens de complétude fertile.

Ce Narcisse nous apprend le mouvement de laisser être. Laisser être ce qui est, laisser être le chagrin, laisser être la joie et, par là, les libérer.

C'est très simple : si vous êtes tristes, laissez la tristesse être. L'exaucer l'apaise profondément.

Ma conviction est que Rilke invente ici la figure dont notre temps a le plus besoin s'il veut réussir à faire la paix avec lui. Car si nous savons faire des prodiges en tant et tant de domaines, nous ne savons plus être exaucés. Nous avons le sentiment d'être dans le manque, et d'abord parce que nous sommes coupés de notre cœur. Nous ne savons plus aimer, nous dit Rilke. Nous ne le savons plus car nous avons oublié que l'amour « n'est longtemps, et jusqu'au large de la vie, que solitude, solitude toujours plus intense et plus profonde. L'amour, ce n'est pas se donner, s'unir à un autre [...] c'est l'occasion unique de mûrir, de prendre forme, de devenir soi-même un monde pour l'être aimé[1]. »

Par amour, je ne deviens pas ce « je » étroit, limité, ordinaire, mais « un monde ». C'est là tout le sens du narcissisme.

Voilà encore une autre manière de décrire cette expérience que déjà pointait Mallarmé.

Si Rilke est un poète aussi considérable, c'est qu'il n'écrit pas juste un texte littéraire. Il découvre une voie nouvelle et fertile parce qu'il a travaillé toute sa vie à surmonter le conflit qui ronge nos existences entre intérieur et extérieur, entre soi et l'autre, l'individu et la société.

---

1. Rainer Maria Rilke, *Lettre à un jeune poète*, in Œuvre, tome 1, Gallimard, « Bibliothèque de la Pléiade », 1966, p. 355.

La rencontre parfaite

Nous arrivons maintenant au moment le plus émouvant de mon étude du narcissisme. La rencontre de Rilke et de Valéry.

Rilke lit Valéry pour la première fois, semble-t-il, en mars 1921 en découvrant *Le Cimetière marin*. « J'étais seul, j'attendais, toute mon œuvre attendait. Un jour, j'ai lu Valéry ; j'ai su que mon attente était finie », confie-t-il à son amie Monique Saint-Hélier.

Leur première rencontre a lieu le 6 avril 1924. Valéry vint rencontrer Rilke dans la tour singulière qu'il habitait dans le Valais suisse. Rilke, après avoir beaucoup voyagé, s'était, en effet, à la fin de sa vie, fixé en Suisse.

Pour saluer la venue chez lui du poète admiré, Rilke avait hissé sur sa tour un drapeau tricolore comme un hommage.

Rilke le rencontre de nouveau en janvier 1925, à Paris, mais sans obtenir le tête-à-tête tant espéré. Il faut dire que Valéry ne parlait pas allemand et ne savait pas vraiment encore qui était Rilke. Il était aussi particulièrement occupé à essayer d'entrer à l'Académie française.

Rilke passe le printemps 1926 à lire le poète, et du 4 au 11 juin, il traduit les *Fragments du Narcisse*.

Le 13 septembre 1926, Valéry vint lui rendre une seconde visite en Suisse.

Après un déjeuner, par une magnifique journée d'été, les deux poètes, laissés seuls, dialoguent.

Ce fut l'un des derniers grands moments de bonheur de Rilke qui allait, peu après, descendre vers la mort.

Valéry dira, pour sa part, que ce fut l'un des moments de poésie les plus intenses de toute son existence.

Or de quoi parlèrent ces deux immenses poètes durant ce moment unique de dialogue ? De Narcisse.

Valéry nous en a laissé le témoignage[1] :

> « Il vient. Je ne l'avais jamais vu si bien portant et si gai. Après le déjeuner, on nous laissa l'un à l'autre. Pendant deux ou trois heures, par très beau temps, sous les arbres du grand parc, entre les masses et les rameaux desquels brillait l'eau toute proche, nous avons parlé comme indéfiniment. Il m'interrogeait sur le poème [*Narcisse*] qu'il venait de mettre en allemand, si je l'achèverais jamais, et comment j'en joindrais les fragments, et quelle fin je lui donnerais, et quel sens j'attachais à ce mythe ? Tout en errant parmi les troncs et les plantes, arrachant çà et là une feuille, nous confrontions, mêlions et distinguions nos sentiments sur la poésie. Quels moments de liberté et d'offres de réciproque, ces moments du dernier septembre de sa vie. Rilke, à la fin du jour, prit le petit navire à aubes qui fait le tour du lac. Nous agitâmes nos mouchoirs. Je vois l'écume sous les roues, la fumée, le beau drapeau rouge à croix blanche, l'ami arraché de l'ami, le site et le soleil brusquement devenus tout autres. »

1. Paul Valéry, in Renée Lang, *Rilke, Gide et Valéry*, Éditions de la revue *Prétextes*, 1953 (texte très éclairant et précis sur la relation entre Valéry et Rilke). Paul Valéry est revenu sur ce moment dans un texte rédigé pour le volume *Rilke et la France*, paru chez Plon en 1942. Il commence ainsi : « Des hommes rares que j'ai connus, l'un des plus séduisants, et de beaucoup le plus mystérieux, me fut Rilke. »

C'est un texte poignant, et ce d'autant plus que les rencontres réussies entre deux génies sont rares. Vous connaissez peut-être l'anecdote de la rencontre de Joyce et de Proust, le 18 mai 1922. Le premier se serait plaint de son estomac, le second de sa mauvaise vue. Pas un mot sur la littérature, que chacun révolutionnait pourtant avec fracas. De cette soirée, Joyce nous a laissé ce témoignage : « Proust m'a demandé si je connaissais le duc d'Untel. J'ai répondu non. Notre hôtesse lui a demandé s'il avait lu telle ou telle partie d'*Ulysse*, il a répondu non. »

J'aime que l'un des moments les plus heureux, les plus marquants, d'une réunion de deux grands artistes ait été fait sous le signe de Narcisse. Comment mieux indiquer que Narcisse est ce demi-dieu propice à toute rencontre réelle ?

Car c'est l'exigence intérieure de vérité envers soi-même et elle seule, qui nous permet de rencontrer un autre pour de bon.

Qu'il est beau d'être soi

Pourquoi Valéry et Rilke sont-ils revenus toute leur vie sur Narcisse ?

Parce que être soi est une tâche difficile. Que notre temps ne nous invite pas à cette expérience – malgré tout ce que l'on raconte. Qu'il est donc aisé de s'égarer.

Le Narcisse de Rilke, et celui de Valéry se voient dans la nature, mais aux deux, l'union à la nature est refusée. La nature ne comble pas du tout.

Les deux pensent à la possibilité de se trouver dans un être aimé – et les deux sont déçus de cette quête. L'autre jamais ne peut nous combler entièrement, prendre sur ses épaules la responsabilité qui est, en réalité, la nôtre.

Il faut reconnaître que l'amour véritable n'est pas de cet ordre-là. Pour aimer l'autre, il faut s'être rencontré soi. Devenir monde. Voir l'ange que nous sommes et accepter pour cela de mourir à une certaine image de soi.

Rilke comme Valéry en méditant le sens du mythe de Narcisse ont découvert comment avoir un rapport juste à soi. Un rapport d'une grande confiance, qui garde en lui la curiosité énigmatique, qu'est pour chacun de nous d'être soi.

Oui, il est beau d'être soi. Voilà ce que le mythe de Narcisse peut aujourd'hui encore nous apprendre.

Inventer sa vie

NARCISSE RETROUVÉ

En 1921, Lou Andreas-Salomé publie un éloge saisissant de Narcisse. C'est l'un des textes les plus fulgurants, déconcertants, essentiels, écrits par une psychanalyste sur ce sujet. Elle y montre l'urgence de laisser Narcisse fleurir en chacun de nous.

Narcisse nous offre la possibilité d'inventer notre vie, mais aussi de trouver le courage de nous engager et d'agir de façon juste et morale.

Pourquoi Lou Andreas-Salomé pense-t-elle ainsi et affirme-t-elle l'urgence du narcissisme pour notre temps ?

À la rencontre de Lou Andreas-Salomé

Pour comprendre son analyse, il est pertinent d'évoquer le très beau destin de cette femme. Comme l'ont écrit certains de ses contemporains : le soleil se levait quand Lou entrait dans une pièce. Elle était radieuse et lumineuse. Il faut dire qu'elle était aussi d'une intelligence stupéfiante et d'une liberté étonnante – n'hésitant pas à prendre des chemins jugés scandaleux par ses contemporains si elle l'estimait nécessaire.

Son analyse de Narcisse tient à cet engagement qui l'accompagna depuis sa jeunesse : **oser être soi, ne pas rentrer dans le rang, refuser les normes qui écrasent notre liberté.** Toute son existence, Lou Andreas-Salomé vécut en étant soucieuse de préserver sa liberté.

Elle a aussi beaucoup appris des grands génies qu'elle sut à la fois aimer et éveiller à ce qu'ils portaient en eux de meilleur. Ils lui permirent en retour de construire sa propre pensée.

Nietzsche fut follement amoureux d'elle. Et même si elle refusa de l'épouser, elle lui insuffla la force de rédiger son *Zarathoustra* alors qu'il était souffrant.

De lui, elle apprit toute la portée philosophique qu'implique d'être soi-même que Nietzsche expose ainsi dans son *Zarathoustra* : « Il faut apprendre à s'aimer soi-même, voilà ce que j'enseigne, d'un amour entier et sain, afin de demeurer fixé en soi au lieu de vagabonder en tous sens[1]. » Apprendre à s'aimer soi-même pour Nietzsche n'a donc rien de ce conseil médiocre de bien-être auquel nous le réduisons. C'est un geste profond pour surmonter le nihilisme sous toutes ces formes, et l'idéalisme moral qui nous conduit à nous sacrifier à des idoles.

Lou Andreas-Salomé rencontra ensuite Rilke, alors tout jeune homme. Il était de quatorze ans son cadet. Elle devint sa compagne puis son amie de cœur, le guidant au centre de son travail d'une manière si juste et si fine, comme en témoigne leur correspondance.

Lou Andreas-Salomé doit à Rilke d'avoir compris le sens le plus profond de la création, qui implique de faire confiance à une force qui nous habite sans que nous puissions en rien ni la provoquer, ni la fabriquer, ni la manipuler. Cette expérience va lui permettre de penser, quelques années plus tard, le narcissisme authentique.

---

1. Nietzsche, « De l'esprit de pesanteur », *Ainsi parlait Zarathoustra*, trad. Georges-Arthur Goldschmidt, Gallimard, 1971, p. 214.

À cinquante ans, en 1912, Lou Andreas-Salomé rencontre Freud dont elle devient la disciple et l'intime. Elle trouve en lui une direction qui éclaire profondément ce qu'elle cherche depuis si longtemps à penser et à dire. Freud lui dira, en une formule qu'aurait pu aussi avoir écrite Nietzsche ou Rilke : « Vous êtes la compreneuse par excellence. Vous comprenez plus et mieux que ce que l'on vous soumet. »

C'est au contact de Freud que Lou Andreas-Salomé va pouvoir penser à sa manière Narcisse.

De la poésie à la médecine

Mais comment Narcisse est-il entré dans la psychanalyse ?

C'est une étrange histoire.

Au XIXe siècle, Narcisse est chanté par les poètes. Ce sont eux les premiers qui savent entendre en des mythes anciens, parfois presque oubliés, une parole d'une brûlante actualité, une parole qui s'adresse directement à nous, à nos difficultés, à nos problèmes.

Narcisse leur apparaît comme la figure qui éclaire le drame qui nous est propre : faire que notre singularité ne soit pas un enfermement, un isolement, mais une responsabilité plus authentique et plus ouverte.

Quelque temps après, les scientifiques, qui ont souvent des œillères, font de Narcisse la figure de l'auto-érotisme qui confine pour eux à la perversion, au désordre psychique[1]. Pour eux, il est coupable ! Sa faute : il prend son corps comme objet sexuel. Avouons que c'est un peu grossier !

C'est à eux que Freud emprunte le terme, mais pour en changer aussitôt le sens.

Le narcissisme n'est plus, pour lui, un défaut ou une pathologie – mais ce qui nous structure de manière tout à fait nécessaire. C'est le narcissisme qui nous permet de nous sentir bien dans notre peau. C'est lui qui nous permet d'accepter pleinement notre identité, acceptation qui se traduit par la capacité à supporter les différences, notamment celles liées au sexe. Enfin c'est le narcissisme qui nous donne un sentiment de continuité et de cohésion avec nous-mêmes…

Sans Narcisse, aucun équilibre psychique n'est possible. (J'ai l'impression à lire tant de psychanalystes actuels qu'ils n'ont pas, eux, lu Freud !)

---

1. En 1899, Paul Näcke désigne par narcissisme le comportement par lequel un individu traite « son propre corps d'une manière analogue à celle que l'on réserve d'habitude au corps d'un objet sexuel ». Freud explique avoir adopté la terminologie à ce psychiatre allemand. Dans un ajout de 1920 à *Trois essais sur la théorie de la sexualité*, Freud précise que « le terme de "narcissisme" n'a pas été créé, comme [il l'a] indiqué par erreur dans ce texte, par Näcke, mais par Havelock Ellis, médecin et psychologue anglais, auteur de *The conception of narcissisme* », 1927. Dans les *Nouvelles Conférences* (1932), Freud explique : « Nous avons emprunté le nom de narcissisme à la légende grecque. »

Comment se constitue le narcissisme ?

Freud part du développement de l'enfant. Il y repère trois phases, qui sont trois étapes d'élaboration du narcissisme.

D'abord le tout-petit se vit dans une indistinction profonde entre son corps et l'environnement. Il ne se sent pas séparé du grand tout.

Puis il se construit dans une unité liée à la rencontre du miroir et de l'autre.

Enfin, dans un troisième temps, il découvre la singularité des autres êtres.

Le narcissisme implique donc ces diverses étapes.

Reprenons ce cheminement.

Le tout-petit se réfère à lui-même dans une forme d'auto-sensorialité. Il appréhende son corps à travers un flot de sensations désordonnées qui lui donnent le sentiment que son corps lui est étranger, discordant, dispersé, anarchique. Son corps ne lui est pas encore proprement sien.

Ce narcissisme, qui est parfois nommé primaire ou originaire, est le premier état de la vie, une expérience de complétude, un état de non-différenciation entre moi et l'autre, moi et les choses… Freud définit ce narcissisme comme étant antérieur même à la constitution du « moi » : « L'environnement maintient l'individu et, en même temps, l'individu ignore l'environnement et ne fait qu'un avec lui[1]. » Intérieur et extérieur ne sont pas séparés.

---

1. D. W. Winnicott, « Les aspects métapsychologiques et cliniques de la régression au sein de la situation analytique », *De la pédiatrie à la psychanalyse*, Payot, 1989, p. 256.

Nous n'avons pas accès à cet état premier. Il nous est forclos. Mais nous sommes enracinés en cet « état originaire auquel nous restons incorporés, tout en nous en détachant, comme la plante reste attachée à la terre bien qu'elle s'en éloigne dans sa croissance vers la lumière[1] », précise Lou Andreas-Salomé.

Dans un second temps, l'enfant réunit les diverses sensations corporelles qu'il éprouve.

Cette unité peut être donnée par la parole, le regard, la manière dont l'enfant est tenu, qui sont autant de miroirs permettant au jeune être de se constituer dans son unité.

Commençons par la parole. Il ne suffit pas de donner les soins à l'enfant pour qu'il s'épanouisse, il faut encore que la mère lui parle. Elle peut parler simplement pour rien, pour son seul plaisir et celui de l'enfant. Peu importe au fond, le sens des paroles dites. Ce qui compte, c'est qu'une voix s'énonce et accompagne l'enfant. Cette voix est ici l'organisatrice fondamentale du narcissisme de l'enfant puisqu'elle le constitue dans son unité propre.

La maman peut dire à son enfant : « Que tu es beau mon enfant » ou encore souligner qu'il ressemble à tel ou tel membre de la famille. Elle lui donne ainsi place, elle le reconnaît.

Le maniement approprié du corps de l'enfant lui donne aussi une assise réconfortante. Le visage de

1. Lou Andreas-Salomé, *L'Amour du narcissisme*, Gallimard, 1980, p. 134.

l'autre, par exemple de la mère, devient un miroir où l'enfant apprend à être. Il voit ce qu'il est pour sa mère.

Il y a là une première leçon : je ne me narcissise pas tout seul, mais au travers du regard de l'autre. Sans l'autre, je ne suis pas. Je ne me constitue pas. Souvenons-nous de ce point décisif. On ne devient pas soi en s'enfermant en soi-même comme dans un terrier, mais, au contraire, par un ensemble de médiations et de rencontres.

Lacan éclaire ce processus en analysant la rencontre que fait l'enfant avec son reflet dans un miroir. L'enfant qui n'a pas encore la maîtrise de la marche, voire de la station debout, passe devant un miroir et entre dans un état de jubilation extraordinaire. L'important n'est pas que l'être humain se reconnaisse. Le chimpanzé aussi se reconnaît dans le miroir, mais une fois que celui-ci s'est reconnu, il se désintéresse de la situation. L'enfant, au contraire, est passionné par l'expérience de cette rencontre.

En ce sens, l'enfant seul est narcissique.

C'est tout à fait étonnant. L'enfant est bien moins développé que le chimpanzé au niveau moteur. Il ne sait pas se mouvoir seul. Mais lui seul éprouve une profonde jubilation à se reconnaître.

Qu'est-ce qui fait donc la différence ?

L'enfant se projette. Il entre dans l'imaginaire, il s'invente une anticipation triomphante[1].

L'enfant, se voyant, ne s'y restreint pas. Le chimpanzé si. Lui se reconnaît et cela l'ennuie. Mais l'enfant

1. Pierre Jacerme, *Monde, Déracinement, Présence des Dieux*, Éditions du Grand Est, 2014, p. 25.

voit plus loin. Il anticipe. Il voit déjà le possible. C'est pourquoi cela le passionne.

Autrement dit, et c'est le point décisif : il se structure par l'imaginaire.

Lacan éclaire ici un phénomène décisif : je ne me restreins pas à ce que je vois dans le miroir.

L'image que j'ai de moi ne coïncide jamais entièrement avec qui je suis. Et c'est pourquoi être pleinement humain nécessite de soutenir cette faille que rien ne peut combler. Mais si je l'accepte, si j'accepte cette faille, elle devient alors une formidable source créatrice.

C'est là, le grand défi lancé à chacun de nous.

Pourquoi nous ne sommes jamais assez narcissiques

Devenir narcissique est en ce sens un travail immense qui ne se fait pas du jour au lendemain. C'est le travail d'une vie.

Quand j'invite chacun à devenir enfin narcissique, c'est ce mouvement fécond que j'ai en vue.

Étrangement, le phénomène reste peu compris, et, à ma surprise, même par nombre de psychanalystes. Ils concèdent, au mieux, qu'il faut une certaine dose de narcissisme mais ni trop, ni trop peu.

Cette distinction est aussi floue qu'inutile et ruine tout l'intérêt du concept de narcissisme.

Reprenons : nous ne sommes jamais assez narcissiques. Nous ne sommes jamais assez construits, assez adultes, assez ouverts aux autres. **Apprendre à être narcissique, c'est apprendre à ne plus être fixé sur**

une identité, une représentation qui nous enferme. Et c'est cet engagement, cet engagement envers soi, qui seul nous pousse en avant et donne sens à notre existence. Un tel travail ne prend jamais fin… et constitue le sens même de l'existence.

Un père de famille me confiait son étonnement en découvrant mon analyse : « Ma fille, me dit-il, se photographie souvent. Elle me demande ensuite mon avis. Est-elle assez jolie sur ces images ? Peut-elle les poster sur les réseaux sociaux ? Jusqu'alors, je lui disais qu'elle était bien trop narcissique. Mais après vous avoir lu, j'ai compris qu'elle manquait profondément de confiance en elle. Elle n'est donc en réalité pas trop narcissique, mais pas assez ! »

Voyez la violence de notre conception du narcissisme ! Non seulement cette jeune fille s'interroge et s'inquiète de son image, de son identité, mais au lieu de l'aider, de lui répondre, on la condamne.

Est-elle narcissique ? Non, elle est inquiète. Elle est mal dans sa peau.

Le plus remarquable, m'a-t-il confié, est que sa relation à sa fille s'est profondément transformée. Au lieu de la blesser encore davantage, il a pu l'aider. Que cherche-t-elle à faire en se photographiant ?

Et il a pu lui montrer que ce n'est peut-être pas en multipliant les photos d'elle-même qu'elle allait se sentir mieux et satisfaire son désir.

Être narcissique, c'est ne plus avoir peur des autres

Narcisse est bien un accusé non coupable. Sans lui, nous serions tous dans de beaux draps ! Incapable de soutenir la singularité de notre être. De pouvoir dire « je ».

Or, dire « je », être soi, c'est pouvoir ouvrir un rapport sain et juste aux autres. Par quelle malédiction en est-on venu à trouver qu'il y avait là une faute !

C'est en effet uniquement par manque de narcissisme que les autres m'apparaissent comme des sortes de monstres ou de figures totémiques qui me donnent le sentiment de vouloir m'écraser, ou des fourmis que je veux dominer.

Il existe donc deux visages majeurs à la défaillance narcissique.

La première consiste à se dévaloriser. C'est la plus évidente. Je m'excuse d'être. Je ne me sens pas à la hauteur. Les autres me semblent en savoir plus que moi, être plus à l'aise que moi. Je suis inquiet quant à qui je suis. Et cette inquiétude ne me laisse jamais en paix.

Les addictions, tel l'alcoolisme, s'enchaînent sur le fond de cette dévalorisation, mais aussi nombre de ce que l'on appelle, bien souvent à tort, les « retards d'apprentissage » des enfants.

La seconde défaillance consiste à opposer le « moi » et l'autre. Le « moi » est alors si fragile que tout vient à le menacer. C'est la définition même du paranoïaque. Pour le paranoïaque, c'est moi ou l'autre. Ou bien je vis ou c'est toi, et si c'est toi ce n'est pas moi.

Les grands paranoïaques sont incapables d'entrer dans une relation réelle, construite, riche. C'est ce que l'on nomme au sens commun : avoir un ego surdimensionné. De tels individus sont pris dans une forme de mégalomanie : les autres, les choses, les événements les indiffèrent ou même les menacent. Cette folie, contrairement à ce que l'on raconte souvent, n'est pas le signe d'un excès de narcissisme, mais au contraire de sa profonde défaillance.

Narcisse n'est pas le responsable des gros ego à pattes qui nous écrasent, nous menacent et souvent nous gouvernent. C'est au contraire parce qu'on a chassé Narcisse, qu'ils se sont surdéveloppés.

Les personnes dont on juge qu'elles ont un ego surdimensionné ne sont nullement hyper narcissiques. Mais, au contraire, elles ont une fragilité narcissique extrême. Elles ont sans cesse besoin de confirmations. Elles ne sont pas du tout en paix avec elles-mêmes.

La vanité et la paranoïa d'un côté, le déni de soi, le manque de confiance, et nombre d'addictions de l'autre sont autant de signes d'un manque de narcissisme. D'un manque de construction de soi.

La normativation et l'éthique

Narcisse éclaire notre développement d'une manière extraordinairement féconde.

Car certes l'enfant doit apprendre à limiter et discipliner l'ensemble de ses pulsions. C'est un processus indispensable. On le voit tous. L'enfant en grandissant intègre un ensemble de codes. Il apprend à dire merci, par exemple.

Mais cette limitation ne dit rien de ce qu'est une vie véritablement humaine.

Or le risque est de se restreindre à cette conception.

Prenons un exemple. Les soldats de l'armée nazie étaient parfaitement disciplinés. Ils répondaient aux ordres, avaient un rapport de maîtrise à leurs pulsions diverses. Mais est-ce que cette maîtrise était juste ?

Il ne faut pas confondre la *normalisation* dans laquelle la pulsion se met en ordre pour que la vie sociale soit possible et la *normativation* qui réduit l'être humain à un ensemble de comportements normés.

Se discipliner est une exigence sociale.

La normativation est un projet idéologique qui protocolise la vie et qui constitue le fond de tout totalitarisme.

Cette distinction est trop souvent ignorée. Elle est pourtant essentielle.

La normalisation n'est pas la normativation.

Entrer dans un cadre n'est pas se fondre dans un moule.

Voilà aussi le fond de la question éthique et politique. **Cherche-t-on à réduire les êtres humains à une image, à un statut, à une fonction, ou va-t-on leur apprendre à ne pas s'y laisser enfermer ?**

C'est là que la pensée de Lou Andreas-Salomé est précieuse. Son travail sur le narcissisme vise à nous protéger de ce risque.

Elle a dû, parce que femme à une époque où leur accès à l'indépendance et au savoir était restreint, s'inventer. Dire non. Refuser d'être enfermée dans l'image qu'on lui renvoyait de ce qu'était une femme.

Son narcissisme était assez fort pour refuser ce qui prétendait restreindre sa liberté.

C'est là une grande leçon : il n'est pas possible d'être libre sans être narcissique, sans avoir la force de refuser les normes conventionnelles qui nous empêchent de penser par nous-mêmes.

Enfant, j'ai participé à un concours de châteaux de sable. Nous disposions d'une heure. Je me suis attelé à la construction d'un vrai château, avec ses donjons et ses ponts-levis. Je n'ai pas réussi à en terminer la moitié… Ma sœur, elle, avait choisi de sculpter une coccinelle et, pour qu'elle soit parfaite, elle l'avait ponctuée de confiture de fraise – elle en avait rapporté un pot de la maison.

C'est elle qui a gagné le premier prix[1] !

Nous pensons souvent que si nous ne jouons pas le jeu, nous allons être exclus. À la fin de nombre de conférences que je donne, on me dit souvent : « C'est bien joli tout ce que vous dites, mais comment je fais, moi, au travail demain ? Si je m'écoute, je vais être mis à la porte. »

Penser cela est le signe de ce défaut profond de narcissisme qui ronge notre temps. Croire que hors du rang, il n'y a rien.

Mais ce n'est pas vrai. Entre faire le château de sable selon ce que je crois que l'on me demande, et ne rien faire, renoncer, abandonner il y a un champ de possibles qu'il reste à découvrir. J'étais le seul à ne pas l'avoir vu ce jour-là.

---

1. Cf. Fabrice Midal, *Foutez-vous la paix et commencez à vivre*, Flammarion|Versilio, 2017 ; Pocket, 2018.

L'humanité témoigne d'une capacité d'invention stupéfiante pour trouver des solutions où il semblait n'y en avoir aucune.

Narcisse nous invite à ne pas renoncer à ce désir intime qui nous taraude. Il nous invite à l'élaborer – ou à le sublimer comme disent parfois dans leur vocabulaire les psychanalystes.

C'est en ce sens que Lou Andreas-Salomé écrit que « nous n'arriverons jamais à rien de convaincant ici sans une adhésion personnelle et secrète à l'exigence narcissique en nous ; par contre, si elle est comblée, aucune puissance contraire ne parviendra à changer notre conviction[1] ».

Condamner Narcisse, c'est condamner la possibilité pour les êtres humains de sortir du lot, d'inventer leur vie, de décider, de s'engager.

Face au dressage social, seul le narcissisme peut sauvegarder en nous un souffle originaire qui nous soit propre. C'est ce que nous enseigne Lou Andreas-Salomé : « La morale est audace, l'acte d'extrême audace du narcissisme, sa hardiesse la plus sublime, son aventure exemplaire, l'explosion de son dernier courage et de son goût exubérant pour la vie[2]. »

---

1. Lou Andreas-Salomé, *L'Amour du narcissisme*, *op. cit.*, p. 152.
2. *Ibid.*, p. 163.

Les méandres de la psychologie

Penser le narcissisme, c'est se libérer des notions vagues que sont l'estime de soi ou encore la confiance en soi. Ces thèmes se sont développés avec le triomphe actuel de la psychologie de comptoir qui explique tout en termes de performance. Il faudrait grâce à des conseils, les mêmes valables pour tous, gérer ses émotions, régler ses problèmes par un effort volontaire, veiller sur son capital bonheur. C'est tout à fait illusoire.

Le malentendu mérite d'être éclairé. Car il y a aujourd'hui une véritable OPA de cette psychologie de bazar sur une question qui en réalité ne la concerne pas : comment être soi, comment donner à notre existence une véritable consistance, comment diriger notre vie ?

En réalité, les questions essentielles qui engagent notre existence ne sont-elles pas d'abord poétiques, philosophiques et politiques – c'est-à-dire éthiques ?

Autre erreur, cette psychologie de bazar considère que la solution est toujours en soi. C'est extrêmement culpabilisant. Si je me sens mal, si j'échoue, si je suis triste – ce serait de ma faute. Si je fais un burn-out, ce serait parce que je n'en ai pas fait assez !

Le narcissisme est tout à fait contraire à cette idée folle et morbide.

Assumer sa responsabilité n'est pas être dans une position de contrôle.

L'idéal du moi

J'ai interrogé mon ami psychanalyste Jean-Jacques Tyszler. Lors de l'une de nos discussions, il m'a raconté une séance qu'il venait de vivre. Une petite fille d'Afrique était venue le consulter. Son père était mort, elle avait traversé de lourdes épreuves. C'était la fin de la journée. Jean-Jacques, fatigué, lui dit : « Tu es vraiment très courageuse. »

Elle lui répondit aussitôt : « Mais cela ne suffira pas ! »

Et Jean-Jacques de m'expliquer : « Elle avait tellement raison… cela ne suffit pas. »

Narcissiser quelqu'un, c'est en effet tout autre chose, c'est trouver comment le mettre en rapport à ce qui pourrait lui donner un véritable allant. Ce n'est pas juste le réconforter. Cela doit en passer par ce que la psychanalyse nomme un idéal du « moi » – savoir qui j'aspire à être.

Narcissiser quelqu'un, c'est non pas lui faire des compliments, lui dire « Tu es intelligent », mais lui montrer par où il peut être au travail, par où quelque chose en lui l'appelle à s'accomplir. C'est ouvrir un chemin d'existence qui lui soit propre, qui lui parle, qui lui donne envie de s'y engager.

C'est pourquoi la réassurance continuelle à laquelle veut nous condamner la psychologie ne peut pas nous aider. Elle nous égare même. Elle nous tue.

Pourquoi les enfants aiment-ils les contes de fées et les histoires de super-héros ? C'est parce qu'ils deviennent ainsi eux-mêmes des héros par anticipation. C'est par là qu'ils se mettent à l'écoute de l'idéal particulier qui est pour chacun d'entre eux parlant. Cet idéal nous donne l'unité de notre être. Il nous institue narcissiquement.

Si aujourd'hui tant de gens ont le sentiment de n'avoir plus de ressources, d'être à bout, ne voient pas d'alternatives à leurs difficultés, c'est qu'en ayant condamné Narcisse, on leur a enlevé ce qui pouvait leur donner le souffle et le courage de se défendre. On les a privés de tout idéal. On les a amputés de leur âme.

C'est là une des principales raisons qui m'ont conduit à écrire ce plaidoyer pour défendre Narcisse. Se narcissiser, c'est découvrir comment s'engager dans sa propre vie. **Et sans narcissisme, il n'y a tout simplement aucune éthique possible, mais une infinie mélancolie et une inextinguible désespérance.**

Le pervers narcissique n'est pas narcissique

Et le pervers narcissique, alors ? Ce concept est censé désigner celui ou celle qui transforme les autres en ustensiles pour exalter sa propre image. Or ce concept, formé par le psychiatre Paul-Claude Racamier, quels que soient par ailleurs les mérites de son travail, est complètement confus.

Première contradiction : un tel être n'est pas du tout autosuffisant. Il a un besoin viscéral de l'autre. Il ne lui est pas du tout indifférent, il le manipule, l'utilise, voire le détruit. Il instrumentalise l'autre pour construire l'image qu'il veut avoir de lui-même. Ce qui lui importe, c'est l'emprise qu'il a sur l'autre.

Autrement dit : il n'est pas narcissique, fermé à l'autre, mais il est entièrement dépendant de lui.

Seconde contradiction : un tel pervers est-il vraiment en paix avec lui-même ? N'est-il pas plutôt enfermé dans une forme extrême de paranoïa ? Il est obsédé par l'image qu'il projette de lui et qu'il voudrait contrôler. Il n'a donc aucun rapport réel à qui il est.

Celui qu'on nomme donc bien à tort « pervers narcissique » préfère détruire l'autre plutôt que de prendre le risque de se rencontrer. Autrement dit, le pervers est à l'antipode du narcissisme…

Tout cela est bien étrange !

Il vaudrait beaucoup mieux dire que de tels êtres sont des pervers qui ont perverti le narcissisme.

C'est d'autant plus évident que le mythe de Narcisse a toujours désigné l'innocence – et ce d'Ovide à Rilke en passant par le Caravage – et c'est pourquoi il est représenté par un tout jeune homme d'une beauté éclatante, et qu'il porte le nom d'une des premières fleurs du printemps. Narcisse est la figure de la plus haute pudeur et de la plus grande tendresse.

Faire œuvre

NARCISSE SUBLIMÉ

Alberti et les secrets de l'imitation

Lorsque je me suis engagé à étudier les diverses manières dont Narcisse a nourri notre histoire, ce qui m'a le plus surpris est le rôle qu'il a joué à la Renaissance. Narcisse devient à cette époque le mythe qui éclaire le sens nouveau de la peinture.

Alberti écrit ainsi : « J'ai pris l'habitude de dire à mes amis que l'inventeur de la peinture, selon la formule des poètes, fut ce Narcisse qui se vit changé en fleur. Qu'est-ce donc que peindre, sinon embrasser avec art la surface d'une fontaine ? »

Cette phrase est d'autant plus importante qu'Alberti est l'un des grands humanistes du XVe siècle. Il était philosophe, peintre, mathématicien. Mais il est surtout le penseur majeur de l'art pictural qui se développe à la Renaissance.

Mais pourquoi Alberti choisit-il la figure de Narcisse ?

Parce que Narcisse est cet homme qui s'émerveille d'un visage qu'il pense être réel, avant de s'apercevoir qu'il ne s'agit que de sa propre image que l'eau reflète tel un miroir.

Or, comme le miroir, la peinture nous montre le monde.

Mais à la différence du miroir qui ne fait que reproduire et dupliquer le réel, la peinture *imite* et, par là, elle rend vivant.

Le mot essentiel est ici celui d'« imitation », terme qui a joué dans l'histoire de l'Occident, et particulièrement à cette époque, un rôle majeur.

Imiter, ce n'est pas copier de façon servile et mécanique mais *rendre vrai.*

Narcisse nous rappelle une leçon essentielle : la peinture ne doit pas se contenter de refléter ce qu'elle montre. C'est en ce sens que le philosophe et historien de l'art Louis Marin explique que la peinture est « la transmutation de la chair des choses dans la fragile surface des couleurs et la fiction de leur présence, là, comme Narcisse au bord de l'eau, éveil de la chose du sommeil de l'être[1] ».

Ce que voit Marin, dans la filiation à Alberti, c'est que la peinture nous met en présence de ce qu'elle évoque.

Aimer la peinture, ce n'est pas aimer voir des copies de la réalité, des sortes de trompe-l'œil. Non, c'est faire une expérience de présence profonde.

Nous voyons des formes, des couleurs, des rythmes et cela se métamorphose en une réalité vivante.

L'étrange Renaissance

Le plus étonnant pour moi fut de découvrir que ces lignes furent écrites par Alberti, que j'avais identifié au penseur de l'art de la représentation.

J'ai été au début de ma découverte complètement déconcerté. Mais comprendre le sens de cette remarque d'Alberti m'a permis de repenser à neuf le sens de l'art de la Renaissance.

Nous connaissons la critique des artistes modernes devant l'art illusionniste de la Renaissance : Pablo

1. Louis Marin, « À l'éveil des métamorphoses : Poussin (1625-1635) », *Corps écrits*, 1987, n° 7, p. 42.

Picasso s'exclamait ainsi face à son marchand D.-H. Kahnweiler qui lui parlait des grands peintres de l'Italie du Quattrocento : « Tout cela est de la décoration, c'est horrible, rien que des ornements pour églises et palais[1]. »

La peinture de la Renaissance lui semble un mensonge, la négation du sens authentique de l'art.

Alberto Giacometti partage cette condamnation : « La peinture qui m'est la plus étrangère et qui me semble la peinture la moins ressemblante c'est celle qu'on considère en général comme la plus réaliste et la plus ressemblante, celle qui a été faite à partir de la Renaissance[2]. »

Fernand Léger confie pour sa part : « J'aime l'art des hautes époques chinoises, hindoues, grecques. Mais je n'ai jamais fait cinq cents mètres pour voir l'art de la Renaissance[3]. »

Je suis très sensible à ces remarques qui montrent bien que le projet de représentation illusionniste que promeut la Renaissance est un projet restreint. Ce fut à l'aventure de la modernité poétique de nous en délivrer et d'ouvrir nos horizons.

Mais, en pensant au lien que fait Alberti entre peinture et Narcisse, j'ai peu à peu compris que je n'avais pas fait assez attention au fait que le projet de la Renaissance est certes une certaine objectivation de

---

1. Pablo Picasso, *Propos sur l'art*, Gallimard, 1998, p. 83.
2. Alberto Giacometti, *Écrits*, Hermann, 2007, p. 292.
3. Interview de Fernand Léger, *in* Dora Vallier, *L'Intérieur de l'art*, Seuil, 1982, p. 74.

la réalité, articulée à une mathématisation du monde, mais *au nom* d'une quête de la présence. Au fond, la logique de la représentation que la Renaissance promeut n'est mise en œuvre qu'au nom de cette présence. C'est elle qui est recherchée.

Piero della Francesca, Léonard de Vinci ou Titien ne veulent pas représenter parfaitement telle ou telle réalité, ils veulent en montrer la présence belle et énigmatique.

Or, nous, nous avons gardé de cet idéal l'objectivation et avons perdu l'énigme de la présence.

Tel est le projet de l'art pompier qui s'impose au XIXe siècle. Croyant être fidèle à la Renaissance, il définit l'art de peindre comme la capacité à copier la réalité afin de produire le plus d'effets possible. Il n'est donc pas narcissique ; il liquide l'expérience personnelle pour une prétendue neutralité désincarnée qui se met au service d'un discours.

Cet art, loin d'éclairer le sens de la peinture de la Renaissance, l'obstrue et nous empêche de l'apprécier pour ce qu'elle est. Nous sommes frappés par la capacité de Raphaël de rendre le visage d'une jeune femme avec un réalisme stupéfiant, au lieu d'apprécier l'infinie tendresse qui lui permet de nous la montrer dans sa pudeur et sa *présence* la plus émouvante.

Rembrandt et l'énigme de notre propre condition humaine

C'est de cette entente de Narcisse qu'il faut partir si l'on veut considérer les portraits qu'a peints Rembrandt de lui-même.

En quarante ans de carrière, depuis ses débuts à Leyde jusqu'à sa mort, en 1669 à Amsterdam, Rembrandt a peint, dessiné ou gravé les traits de son visage une centaine de fois. C'est un phénomène unique. Il n'existe dans toute l'histoire de l'art aucun ensemble de ce type qui couvre une carrière artistique de plus de quarante ans.

Que s'est-il passé ?

Pourquoi fait-il autant de portraits de lui-même ? Il doit y avoir une raison. Jouons aux détectives.

Première hypothèse. Appelons ici le colonel Moutarde. Pour lui, cette quête est à l'évidence une forme de narcissisme au sens courant et négatif du terme. Rembrandt serait fasciné par lui-même, amoureux de lui-même, pour consacrer tant et tant d'heures à scruter son propre visage.

Cette hypothèse que j'ai trouvée si souvent énoncée, y compris par de sérieux historiens d'art, est-elle vérifiable ?

Mais pour répondre à cette question, reprenons l'enquête que nous menons depuis le début de ce livre : qu'est-ce que cela pourrait bien dire au sens courant être narcissique ?

Car le pire est que le concept courant de narcissique est en lui-même incohérent.

Le narcissisme consisterait-il à trop s'aimer ?

Penser qu'il y aurait un risque de trop s'aimer, c'est se méprendre sur le sens de l'amour.

On ne peut jamais trop aimer. On peut aimer de manière jalouse, perverse, possessive. Mais il

s'agit alors de déformation, voire de contrefaçon de l'amour, nullement d'amour. En réalité, on ne peut jamais trop aimer, on ne peut que mal aimer.

Aimer, ce n'est pas trouver que tout est parfait chez qui l'on aime. L'amour n'est pas aveugle. Au contraire. Voyant les imperfections et les fragilités, l'amour les accueille pleinement. Ils ne lui posent aucun problème. J'aime mon compagnon exactement comme il est. C'est comme il est que son existence me réjouit. Je ne l'idéalise pas pour autant, l'idéaliser serait ne pas l'aimer tel qu'il est.

Le narcissisme consisterait-il à ne pas se tourner vers les autres ?

Mais l'inverse peut tout aussi bien être dit : comment rencontrer quelqu'un si nous ne nous sommes pas rencontrés nous-mêmes ? Si je suis à bout, épuisé, ou très malade est-ce que je peux vraiment m'ouvrir à l'autre qui a besoin de moi ? On voit bien que l'argument ne tient pas. C'est en étant en rapport avec moi-même que je peux me tourner vers les autres.

Le narcissisme consisterait-il à être obsédé par soi ?

Mais s'aimer c'est justement ne plus l'être – c'est un apaisement profond. **Être obsédé par son image, par son identité, son statut social témoigne plus d'une difficulté à être soi que d'un excès de confiance.**

En réalité, nous le voyons bien, être narcissique ne pose aucun problème.

En revanche, les bénéfices sont évidents : connaître l'humanité en soi et faire la paix avec elle – ce qui implique de faire la paix avec notre fragilité, nos insuffisances, parfois même nos maladresses.

Nous sommes forcés de constater combien notre concept de narcissisme est incohérent. Et il suffit maintenant de regarder n'importe lequel des autoportraits de Rembrandt pour réaliser que le peintre ne s'est pas engagé dans une quête anxieuse de son identité. Ou pour le dire tout simplement : Rembrandt ne manifeste aucune vanité. Si tel était le cas, ces tableaux ne nous intéresseraient pas.

Mais sans doute le colonel Moutarde n'a-t-il jamais regardé avec suffisamment d'attention un portrait de Rembrandt.

Si Rembrandt n'est à l'évidence pas narcissique, pourquoi alors s'est-il autant peint ?

Examinons à présent la seconde hypothèse que nous attribuerons, pour la pédagogie de notre démonstration, à Mademoiselle Rose.

Rembrandt serait un maître de l'art officiel du portrait.

Mademoiselle Rose a ici un argument majeur : les historiens ont découvert qu'à l'époque de Rembrandt on ne peut pas parler d'autoportrait de Rembrandt, mais de portrait de Rembrandt par lui-même.

Vous allez me dire, qu'est-ce que cela peut bien changer ? Eh bien tout !

L'autoportrait apparaît à l'époque romantique et implique une exploration subjective de nos états d'âme. Or voilà une approche tout à fait inconnue à cette époque.

Le portrait consiste à représenter un individu dans sa fonction sociale[1]. Rembrandt hérita cette conception de ses illustres prédécesseurs. On sait qu'il était un grand collectionneur de peinture. Il assista par exemple, le 9 avril 1639, à la vente aux enchères d'œuvres venues d'Italie, organisée par le marchand d'art Lucas van Uffelen. Parmi elles, un tableau de Raphaël, le *Portrait de Baldassare Castiglione* que Rembrandt ne pouvait s'offrir mais qui l'impressionna au point d'en faire un rapide croquis, inscrivant dans la marge le prix auquel il fut vendu.

Le tableau était trop cher pour lui. Mais il connaissait bien l'acheteur : Alfonso Lopez. Il put admirer le tableau chez lui ainsi que le *Portrait d'homme dit de l'Arioste* de Titien. Ce sont deux tableaux qui montrent le statut social de leur modèle d'une manière incomparable. Et Rembrandt était émerveillé par le savoir dont ces œuvres témoignaient.

Mais si Rembrandt connaît cette tradition, et peut y faire parfois allusion, il s'en éloigne tout à fait. Dans ses autoportraits, y compris celui inspiré directement de ces exemples, il fait disparaître toute distance sociale. Il ne nous met pas face à un type social d'homme, mais face à un être humain.

Pour la première fois dans l'histoire de l'art, un peintre nous montre un homme sans histoire. C'est vertigineux.

---

1. *Cf.* Ernst de Wetering, « Les multiples fonctions des portraits de Rembrandt », *in Rembrandt par lui-même*, Flammarion, 1999, p. 16.

Essayons une troisième hypothèse.

Cette fois nous attribuerons au Dr Olive une autre explication. Sera-t-elle la bonne ?

Aux Pays-Bas, on connaissait une mode de peindre des expressions, une physionomie, un type de personnage (le vieil homme, la jeune fille, l'Oriental…). On appelle cela des « *tronies* », terme intraduisible en français. Notre mot « trogne » est plus caricatural et désigne un visage grotesque ou comique et s'applique généralement aux visages de ceux qui ont un peu trop bu. Le *tronie* est un portrait qui ne représente pas un être réel, mais un type de personnalité avec un costume typé. C'est par exemple le statut de *La Jeune Fille à la perle* de Vermeer. Et c'est pourquoi elle porte un turban à la différence des jeunes Hollandaises de l'époque.

Dans une série d'eaux-fortes, Rembrandt grave son regard courroucé ou ses yeux écarquillés, son sourcil froncé ou sa mine réjouie. Il ne s'agit nullement de fixer là une ressemblance, mais plutôt d'explorer un type ou un caractère.

Rembrandt prend parfois la pose. Il se costume avec des turbans d'Orient. Il se représente en saint Paul, en mendiant ou en prince.

Mais j'ai bien peur que là aussi, cette hypothèse ne puisse pas être retenue. Car en scrutant pendant des jours, des heures durant, quasiment chaque année pendant quarante ans, son reflet, Rembrandt cherche autre chose que l'étude de nouvelles mimiques. Ce qui frappe dans ses œuvres c'est leur intensité existentielle, leur profondeur humaine, leur gravité… qui dépassent le souci de saisir une expression particulière.

Les *tronies* sont peut-être un cadre à partir duquel Rembrandt est parti dans l'aventure picturale qui est la sienne, mais il le dépasse largement.

Le merveilleux narcissisme de Montaigne et de Rembrandt

Donc, pour l'instant, nous n'avons pas la clef.

Elle se trouve dans l'explicitation du narcissisme !

Si le narcissisme implique non pas une sorte de fascination stupide et aveugle de soi, mais l'exploration de l'énigme de notre propre existence, l'œuvre de Rembrandt prend alors tout son sens.

Elle nous fait faire un mouvement semblable à celui de Montaigne – autre grand témoin du narcissisme que je tente ici de présenter.

J'ai toujours eu le sentiment que ces deux hommes avaient beaucoup en commun. Montaigne, un peu moins d'un siècle plus tôt, s'engage dans une aventure,tout à fait nouvelle elle aussi. Comme Rembrandt, il décide de « se peindre » pour reprendre les termes qu'il emploie lui-même pour décrire son travail. Il ne cherche pas à s'idéaliser, à explorer ses états d'âme, mais il montre le sens profond de son humanité. De même que Rembrandt se peint comme un homme ordinaire, sans histoire, Montaigne se peint non parce qu'il est un saint, un héros, un sage, mais simplement pour voir l'homme en lui, l'homme ordinaire.

Montaigne ne se situe donc nullement dans le droit fil des *Confessions* de saint Augustin, qui est un récit autobiographique orienté vers une méditation sur le mal, le péché et sur la grâce. Montaigne écrit sans avoir

aucun but moral d'édification. Il cherche à toucher à la vérité humaine telle qu'elle est. Le plus honnêtement possible : « Je me suis présenté moi-même à moi. »

Cette œuvre suscite le même malentendu que celle de Rembrandt. Leur quête est soit considérée comme une faute morale – trop se préoccuper de soi comme l'écrit Pascal –, soit elle est réduite à une exploration psychologique des méandres de leur moi-moi-même-et-encore-moi. On croit ainsi que leur œuvre vise, de manière tout anecdotique, à nous communiquer leurs divers sentiments.

Or, en réalité, elle témoigne d'un travail de déprise de soi, de désidentification. Rembrandt et Montaigne se dépouillent des oripeaux de la représentation de soi, du jeu social, des identités pour découvrir une dimension plus profonde et jusqu'ici oubliée. L'humanité à nu.

Et c'est pourquoi ces deux œuvres sont nos miroirs.

En se peignant, ils ne nous montrent pas tant qui ils sont, mais qui nous sommes. Ils nous aident ainsi à nous voir dans notre plus poignante humanité. Ils nous font l'extraordinaire cadeau de nous narcissiser.

Montaigne comme Rembrandt révèlent ainsi le sens profond de la rencontre avec soi, qui ouvre sur des chemins inouïs d'authenticité, de vérité et de tolérance.

Nous connaissons ainsi le gagnant de notre jeu. Ce n'est pas le colonel Moutarde, ni Mademoiselle Rose ni le Dr Olive, mais Narcisse !

Bravo, Narcisse !

Comment Rembrandt fait-il ?

Si nous savons maintenant le secret de l'œuvre de Rembrandt, il nous reste à comprendre comment il a fait pour, en se peignant, montrer, d'une manière aussi profonde et émouvante, la condition humaine.

Il renonce à ce qui constitue, en Occident, le savoir-faire du peintre.

Il abandonne la justesse du tracé qui a toujours défini le grand art.

Il laisse de côté l'effusion de la couleur. On ne voit plus désormais ni de rouge, ni de bleu, ni de vert… mais un camaïeu d'ocres.

Il ne s'occupe plus du rendu des matières, qu'il maîtrisait pourtant dans sa jeunesse comme personne.

Autrement dit, il renonce à la perfection du savoir-faire, pour chercher à saisir une vérité plus profonde.

Pour ce faire, il emploie de fines couches de peinture très lisses qui se superposent les unes aux autres, qu'il oppose à des reliefs qui laissent des empreintes très visibles du pinceau. Cette juxtaposition dans une même œuvre de finis et de parties improvisées crée un déséquilibre.

C'est lui qui permet à Rembrandt de nous faire sentir la vie qui est tensions, conflits, épreuves. Le narcissisme de Rembrandt lui permet de s'installer au cœur du conflit, là où la vie palpite dans toute son intensité.

Rembrandt est ici à l'antipode du culte du mignon, qui signifie la négation, le refus infantile de tout déséquilibre. Mignon est ce qui est menu, superficiel et doux et surtout qui ne connaît aucune tension. Ce qui donne l'illusion que tout est confortable, unilatéralement confortable. Le mignon agit comme une sorte d'anesthésiant.

À première vue, on a le sentiment que cela n'est pas si grave. Mais en réalité, là est le cheval de Troie du nihilisme.

Pourquoi ?

Parce qu'en niant la tension au cœur de l'existence, les difficultés que chaque être humain doit traverser, on le prive de la capacité de se mettre en mouvement, de résister, de dire non.

L'esthétique du mignon, il faudrait dire l'idéologie du mignon, nous condamne à l'impuissance, au renoncement et à un infantilisme irresponsable. Il n'est pas utilisé pour rien par le capitalisme le plus violent, le plus destructeur.

En ce sens, il faudrait se demander ce que signifie le projet d'installer au cœur de Paris une sculpture de Jeff Koons, dont le travail s'impose précisément comme le sommet du mignon. Poser le problème en se demandant si on est pour ou contre l'art contemporain n'est ni légitime ni pertinent. L'art contemporain est divers. Et l'interroger est un autre débat.

Ce qu'il faut se demander en l'occurrence, c'est quel est le sens de l'installation d'une œuvre qui nie aussi radicalement le sens profond de l'existence humaine, de son risque, de sa difficulté, de son drame.

L'espace du dedans

Le narcissisme consiste à perdre nos certitudes, nos points de repère, tout ce que nous croyons savoir de nous. Les œuvres d'art authentiques nous invitent, en ce sens, non pas tant à nous rencontrer qu'à nous perdre.

C'est pourquoi Narcisse nous invite à nous déconnaître. Par exemple, en éprouvant une sensation ou un sentiment. Prenons le goût d'une framboise. Si je la goûte pour de bon, je m'oublie en elle, je disparais dans la sensation... Elle est tellement étrange, unique, singulière, inattendue...

Eh bien se rencontrer soi, c'est encore plus abyssal que de goûter une framboise. On est encore plus étrange que le fruit !

Le matin on se lève, et on n'est pas de bonne humeur. On ne sait même pas pourquoi. C'est désopilant.

Et pourquoi préfère-t-on la présence de cette personne à telle autre ? Comme c'est mystérieux...

Être est surprenant, déconcertant. Ceux qui ne l'ont pas encore constaté manquent tellement de narcissisme qu'ils sont étrangers à leur propre humanité.

Je trouve que le peintre et poète Henri Michaux est l'un des artistes qui a le plus consciencieusementexploré cette réalité. Il n'a eu de cesse de mettre à mal tout ce qui pourrait fixer le sens et nous définir.

Je trouve que ce poème dont je vous propose les premiers vers est en ce sens saisissant :

> « Quelque part quelqu'un est chien et aboie à la lune
> Quelqu'un est né chinoise et maintenant elle a dix-sept ans
> Quelqu'un c'est une blonde et sa sœur est vive, véritablement pétulante

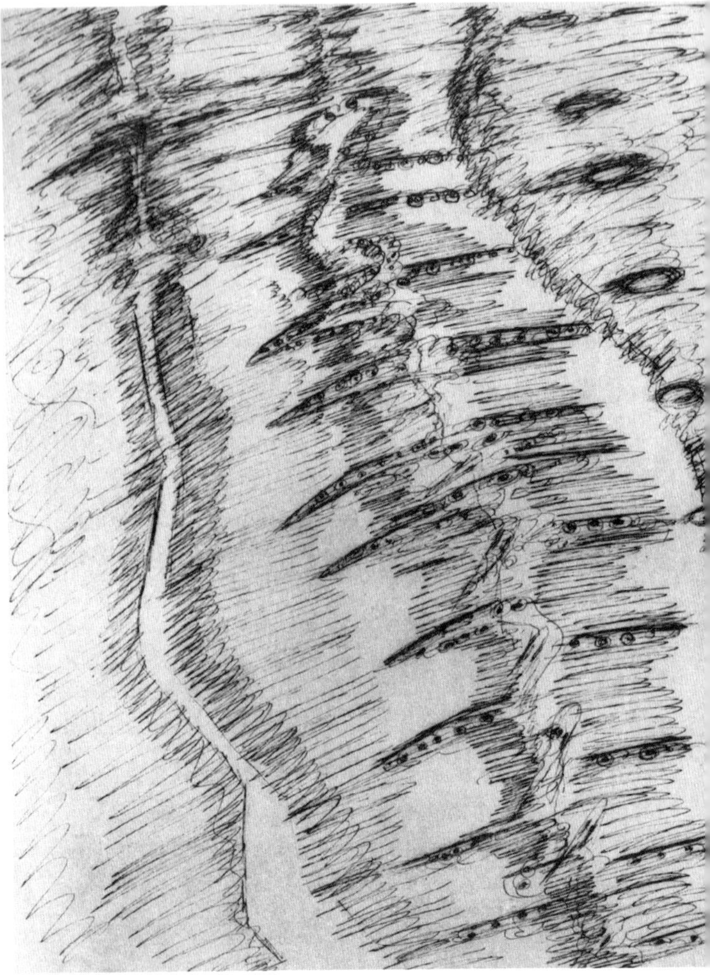

Quelqu'un son père est highlander
Quelqu'un… et puis ça lui a retenti sur les reins
et maintenant fini, il dit qu'il aime autant mourir
à l'hôpital
Quelqu'un il a de grosses solives à la maison
Quelqu'un, il veut encore un peu de crème.
Mais l'autre quelqu'un, c'est l'existence de
Dieu qui le chipote
Quelqu'un vient d'avoir un moment de fierté
qu'il expiera durement
Quelqu'un, il pleut
Quelqu'un, cette fois il pleut fort
Quelqu'un les gens d'à côté rentrent à l'ins-
tant
Quelqu'un il n'y a pas eu de brise aujourd'hui,
et la houle de fond est encore forte
Quelqu'un, il pleut toujours ; mauvais pour le
toit[1]… »

Ce quelqu'un c'est nous et nous sommes tous ces quelqu'un.

Michaux montre qu'entrer en soi, ce n'est pas se connaître mais au contraire entrer dans l'inconnu[2]. Ne plus savoir qui on est. Se défaire des règles, des pièges, des habitudes de pensées, des habitudes de

1. Henri Michaux, *À distance*, Mercure de France, 2015.

2. Michaux montre combien le narcissisme est un travail patient, une pratique. Il se rend attentif à ce qui en lui se modifie, sous l'effet de grands voyages (*Escuador*, 1929 ; *Un barbare en Asie*, 1933), de l'écoute de certaines musiques non occidentales, de la drogue (*Connaissance par les gouffres*, 1961 ; *Misérable miracle*, 1972), mais aussi simplement du fait de s'allonger ou d'être fatigué (*Face aux verrous*, 1954).

comportements, de tous les enfermements. Ceux qu'on nous inflige. Ceux qu'on s'impose soi-même.

Michaux approche ainsi l'énigme d'être – non pour la résoudre, mais pour l'explorer, pour la célébrer.

Il fait ainsi le contraire de ce que nous raconte la psychologie de comptoir qui veut toujours nous définir, faire notre profil, nous mettre dans des cases.

Je ne sais pas pour vous, mais moi je souffre chaque fois que je suis identifié à ceci ou cela. Si jamais je fais un test de personnalité, à la première question je suis perdu. Je ne sais plus. Suis-je timide ou suis-je extraverti ? Je suis l'un et l'autre. Parfois l'un. Parfois l'autre. Je ne comprends même plus les termes.

Je lis Michaux pour ne pas me laisser enfermer dans une case, être déchiffré, examiné, expliqué… Et cela me rend beaucoup plus heureux que tout le bavardage de la psychologie de comptoir qui prétend m'expliquer comment trouver le bonheur – alors qu'elle m'en barre la route.

Se voir dans le monde

Quel singulier paradoxe : on évoque Narcisse. À première vue, rien de plus barbant. Le culte de soi-même, non merci !

Or cette rencontre est passionnante et éclaire le sens tout entier de l'œuvre d'art.

Elle nous fait découvrir, comme en témoigne Rembrandt, que se rencontrer c'est entrer en présence de l'« humaine condition », cette humaine condition qui est partout menacée par l'indifférence, le rejet social, la violence… Et en ce sens l'œuvre d'art authentique est une planche de salut sans égale.

L'art nous permet aussi de découvrir, comme nous le montre Michaux, que se regarder, c'est être pris dans un immense et bienheureux vertige : nous découvrir plus vastes, plus étranges, plus déconcertants que tout ce que nous pensions.

Enfin, Narcisse éclaire un troisième sens fondamental de toute œuvre d'art. Narcisse se regarde dans la fontaine car il pressent que sa beauté n'est pas achevée. Il recherche le sens profond de l'imagination. L'œuvre d'art est là pour nous rappeler cette exigence à se compléter, s'achever.

Comme le dit Gaston Bachelard : « Narcisse ne dit plus : “je m'aime tel que je suis”, il dit “je suis tel que je m'aime”. Je suis avec effervescence parce que je m'aime avec ferveur. Je veux paraître, donc je dois augmenter ma parure. Ainsi la vie s'illustre, la vie se couvre d'images. La vie pousse ; elle transforme l'être ; la vie prend des blancheurs, la vie fleurit ; l'imagination s'ouvre aux plus lointaines métaphores ; elle participe à la vie de toutes les fleurs[1]. »

N'est-ce pas là le sens de la culture tout entière ?

Vouloir être et, par là, s'inventer. Ne pas se contenter de ce que l'on est, de ce que l'on nous a dit que nous étions.

Cela nous surprend car la culture est aujourd'hui si souvent restreinte à une sorte de connaissance vague, de jeu de références, de jeux intellectuels, que nous ne savons plus qu'elle est, en réalité, l'espace de rencontre avec soi, d'invention de soi.

---

1. Gaston Bachelard, *L'Eau et les rêves*, José Corti, 1942.

Or, contrairement à tout ce que prétend l'idéologie actuelle, personne ne peut vivre sans une telle expérience.

Croire comme nous le faisons que ce mouvement est une faute, un mal, est absurde et suicidaire ! L'art nous sauve, en nous permettant d'être. C'est ce qu'a si bien compris Roland Barthes, lui qui a toute sa vie cherché à comprendre comment le rapport à soi pouvait être une vertu. Il a su rendre ainsi à l'œuvre d'art son sens profond : « Il s'établit, écrit-il, entre l'écrivain et moi une sorte de complicité flatteuse ; je me sens choisi ; l'artiste me découvre ; il me chante, il chante ma peine, ma joie, ma curiosité ; il la chante bien ; il en a tout vu, tout senti, et d'autres choses encore que je ne voyais ni ne sentais. Écho d'un Narcisse qui ne sait pas parler, c'est mon double inspiré ; sa confidence m'illumine ; mais ses révélations sont si décentes, il chante ce chant individuel avec tant d'à-propos, avec une beauté si pleine mais si modeste, que je n'ai pas à en rougir, et qu'au plaisir d'avoir été deviné, j'ajoute celui de n'être pas trahi[1]. »

Barthes met ainsi à jour la dimension narcissique de l'œuvre d'art – sans laquelle, l'art n'a au fond qu'une valeur documentaire ou commerciale.

Avant la rencontre avec l'œuvre, ma propre vie m'était obscure.

Je vais voir tel tableau, écouter tel concert, non pas pour recevoir un message, vivre une émotion mais d'abord découvrir l'énigme qui ne cesse de me visiter.

---

1. Roland Barthes, « Plaisir aux classiques », *Œuvres complètes*, tome 1, Seuil, p. 57.

L'œuvre d'art est comme un miroir, mais ce qu'elle montre, que je reconnais, je ne le connaissais pourtant pas avant cette rencontre.

Nous priver de cette dimension, c'est aussi être amputé de notre rapport aux autres et au monde. Car comme le découvre Gaston Bachelard : **« Le narcissisme généralisé transforme tous les êtres en fleurs et il donne à toutes les fleurs la conscience de leur beauté [1]. »**

1. Gaston Bachelard, *L'Eau et les rêves*, *op. cit.*, p. 37.

Trouver son centre

NARCISSE LIBÉRÉ

D'Homère à Lou Andreas-Salomé, jamais Narcisse n'a désigné la fermeture égocentrique sur soi-même, mais toujours une force de vie d'une grande innocence.

Pourquoi alors aujourd'hui ce mythe est-il aussi radicalement dévoyé, au point que nous n'en ayons plus aucune entente ? Pourquoi Narcisse est-il le nom d'une faute ?

C'est là le signe d'une profonde ignorance de notre héritage.

Mais c'est surtout un crime contre les forces de vie qui nous sont le plus nécessaires.

Car de quoi avons-nous tous aujourd'hui besoin ?

D'établir un juste rapport à soi, en un temps où nous sommes réduits à des données comptables, des rouages de mécanismes administratifs…

La condamnation de Narcisse repose sur un aveuglement quant à la réalité historique, sociale et politique de notre temps, quant à ce qui nous menace.

On accuse les gens d'être narcissiques, alors qu'ils sont les victimes d'une violence sournoise, et souvent inapparente, qui les coupe d'eux-mêmes et les brise. C'est injuste et férocement culpabilisant.

Car le discours actuel nous dit que nous sommes au fond fautifs, quand nous sommes d'abord des victimes d'un système destructeur.

On accuse par exemple de narcissisme les gens qui se livrent sur les réseaux sociaux, alors qu'ils sont manipulés par des puissances qui utilisent des algorithmes pour les cerner dans les moindres de leurs traces. Il faudrait dire à l'inverse : chacun de nous est dénarcissisé par la manière dont les puissances du Net nous manipulent en faisant de chacun de nous un ensemble de données exploitables à l'envi.

Plus largement, le projet de transparence totalitaire qui se met aujourd'hui en place prive chacun de la possibilité d'être soi. C'est cette aliénation qui brise l'équilibre social.

Cessons de dire que tous ceux qui sont sur Facebook sont narcissiques. Disons que Facebook nous aliène malgré nous.

Condamner le narcissisme, c'est condamner nos singularités

Si le narcissisme est aujourd'hui condamné, c'est que la singularité de l'être humain n'a plus de place dans notre monde. Il est même un obstacle à l'ordre gestionnaire du management. Et c'est là l'arrière-plan idéologique de la condamnation de Narcisse.

On condamne Narcisse pour nous rendre impuissants et nous empêcher de nous défendre.

Nous ne vivons plus dans le même monde qu'autrefois : la dénarcissisation propre à notre temps ne passe pas par la répression, une somme d'interdits, mais par le fait d'être conduits à nous exploiter nous-mêmes.

C'est un phénomène tout à fait singulier et déconcertant qui explique l'émergence de ces nouvelles pathologies que sont le burn-out ou la fatigue chronique. Voulant bien faire, ne pas laisser tomber mes collègues, les gens qui dépendent de moi, je m'instrumentalise jusqu'à l'effondrement.

Et alors, loin de réaliser que je suis une victime d'un système devenu fou, que ma seule faute est d'avoir voulu trop bien faire, je me sens responsable et même coupable : je ne me serais pas assez bien auto-exploité. Je n'aurais pas assez bien géré mes émotions. Je n'aurais pas assez contrôlé mon stress.

Nous sommes aveugles à la violence idéologique que cachent ces injonctions et au moralisme sacrificiel qu'on nous inculque. Ils nous semblent normaux. Ils sont fous.

Un ami médecin me raconte les difficultés qu'il constate dans son service. Il y a encore quelques années, malgré la dureté des tâches qui étaient les siennes, chacun était animé d'une joie profonde de travailler : « Du matin jusqu'au soir nous étions enthousiastes de faire un si beau métier. Nous ne connaissions pas de médecins déprimés, si ce n'est pour des raisons personnelles. Aujourd'hui, l'hôpital fait face à une hémorragie de déprimes, de dépressions et de burn-out. Que s'est-il passé ? »

La nouvelle économie normative prive chacun de la responsabilité de son travail. Au nom de l'efficacité, elle nous plonge dans une hystérie panique. Ne nous trompons pas. Il ne s'agit pas, en vérité, de devoir être réellement efficace, mais de soumettre tout le monde à une nouvelle forme hystérique de pression.

Car l'objectif n'est pas de chercher à travailler mieux, mais de nous faire entrer toujours plus avant dans des protocoles qui cernent le moindre de nos gestes, le moindre de nos actes. Chacun est ainsi déresponsabilisé.

Et comme le sens du travail s'amenuise, l'effort qui nous est demandé semble vide et inutile.

N'étant plus que le rouage d'une machine, mon travail n'est plus qu'un fardeau.

En voulant le rationaliser à l'extrême, nous l'avons déshumanisé.

La densification normative

J'ai beaucoup mieux compris l'état de violence qui ronge notre monde en découvrant le concept de « densification normative »[1]. Vous avez sans doute entendu parler de l'« inflation législative », qui désigne la multiplication exponentielle des lois. Elle entraîne des situations d'une complexité inextricable. Personne désormais ne peut plus connaître la loi.

Voilà qui est bien connu.

Mais le phénomène le plus inquiétant n'est pas là. Il est dans l'extension des normes – il faudrait même dire leur ingérence et leur hégémonie dans tous les aspects de notre vie quotidienne.

L'ISO, organisation internationale de normalisation, a produit 664 normes en dix ans, entre 1957 et 1967. Aujourd'hui, on en dénombre près de 20 000.

Dans tous les domaines professionnels, la pratique consiste à fixer des objectifs chiffrés d'actes à accomplir et à mesurer quantitativement les résultats obtenus – et cela dans les domaines où l'on s'y attendrait le moins : la justice, la médecine ou l'éducation.

---

1. Catherine Thibierge, *La Densification normative. Découverte d'un processus*, Mare et Martin, 2014.

Or ce passage de la loi à la norme n'est pas du tout anodin. La loi vise à l'universel, elle s'adresse à tous. Elle est donc l'expression d'une communauté humaine qu'elle permet en retour de construire et de développer.

La norme vise à régir le seul cas particulier.

Passer de l'un à l'autre transforme chacun de nous en une sorte d'agent atomisé et détruit le sens de la communauté et du politique. La densification normative nous dénarcissise très profondément. Nous n'existons plus dès lors comme individu, sujet pensant, sujet désirant.

Je demande donc à présent : sommes-nous vraiment une société de gens trop narcissiques, ou sommes-nous une société de gens qui nous sacrifions, et qui nous sacrifions non pour des principes réels mais pour des normes ?

La question du bonheur (le travail du narcissisme)

Quand je décris les mécanismes de notre souffrance, on me dit parfois que je suis pessimiste. Mais c'est aussi absurde que si, consultant un médecin pour une maladie, vous le trouviez pessimiste de vous annoncer que vous avez une otite. Au contraire, si le médecin fait un diagnostic, c'est qu'il va pouvoir vous aider, vous soigner, apaiser vos souffrances.

Mais tant qu'un diagnostic juste n'est pas posé sur votre situation, il est probable que le traitement proposé ne sera pas efficace.

La maladie de notre temps est cet écrasement de notre singularité.

Et le remède est de retrouver de la profondeur, au sens que donne à ce mot le poète Rainer Maria Rilke : « Malheureux celui qui se détourne de ses profondeurs et qui veut se retrouver autre part. Le jour vient pourtant où il rentre en soi-même, et alors il trouve le foyer de son cœur éteint, plein de cendres froides[1]. »

Si j'invoque Narcisse, c'est qu'il est le seul antidote à cette violence nouvelle qui nous pousse à une auto-exploitation toujours plus intensifiée et meurtrière de nous-mêmes, violence qui détruit toute possibilité d'une communauté.

Quand mon activité est restreinte à une pure effectivité mécanique, une simple force d'effectuation, je n'ai plus de possibilités de m'accomplir. Tout le monde le sait, même si c'est devenu une sorte de tabou d'en parler. Tout le monde a, au fond, envie que son travail soit utile à la société et aux autres. Il est faux de croire que les infirmiers, les profs ou les cheminots n'ont qu'un but : travailler le moins possible. Non, ils veulent que leur travail ait un vrai sens.

Tant de gens témoignent qu'ils ont fait un burn-out, non seulement à cause de la pression devenue folle qu'ils ont dû subir, mais peut-être plus encore parce que leur travail est déconsidéré et privé de sens.

La normativation extrême que nous sommes en train de subir prive nos vies de sens. Elle nous conduit à vivre loin de soi. **Narcisse est le mythe qui nous dit**

1. Rainer Maria Rilke, *Correspondance*, Œuvres III, Seuil, 1976, p. 256.

l'urgence de nous rencontrer. L'importance d'être en accord avec soi. De nous engager. De créer. De prendre la parole. D'assumer notre responsabilité.

Là réside le sens réel du bonheur, qui est le couronnement de notre engagement humain et non cette soupe insipide et niaise qu'on nous vend partout et sur tous les tons. En effet, le bonheur ne se résume pas à se réjouir de petits moments heureux. À mieux apprécier le moment présent. Je suis inquiet et même effrayé de voir chacun inviter à jouir de ces petits riens.

Le bonheur ne se met pas dans des petites parenthèses. Je ne suis pas heureux parce que je jouis un peu mieux de ceci ou de cela.

Aristote nous le disait déjà, le bonheur constitue le mouvement tout entier de la vie, le fait de m'accomplir, d'accomplir mon être.

Quand quelqu'un traverse de grandes difficultés, il ne suffit pas, pour l'aider, de lui faire quelques compliments ou de l'inviter à jouir de chaque instant. Il faut qu'il puisse s'enraciner dans sa propre profondeur, dans ses propres ressources dont il est coupé, auxquelles il n'arrive plus à se relier.

L'éclatante innocence de Narcisse

L'engagement à être soi nous ouvre au monde tout entier. Pour nous, il y a souvent comme une opposition. Être soi s'opposerait à être ouvert aux autres et au monde.

C'est là une vue de l'esprit.

J'ai mis beaucoup de temps à voir clairement cette articulation. C'est en passant beaucoup de temps devant les tableaux de Nicolas Poussin que j'ai pu me libérer de cette erreur.

Nicolas Poussin a peint cinq tableaux où Narcisse est représenté.

Et évidemment, Narcisse n'y est pas peint comme un homme vaniteux, imbu de lui-même, mais toujours comme un être d'une pureté confondante.

J'ai découvert par hasard, dans une revue, une reproduction de la première peinture que Nicolas Poussin a réalisée sur ce thème, vers 1627. N'étant dans aucun musée, dans aucun ouvrage sur le peintre, il m'était inconnu. Il a été redécouvert en 1997 et mis aux enchères. On y voit un jeune homme debout, légèrement penché vers une étendue d'eau. Éros, représenté comme un petit enfant, tend de manière décidée son arc bandé vers lui.

Poussin montre ici Narcisse comme l'innocence qui va être frappée par le dieu Éros, l'Amour. Nous retrouvons ici un des grands axes du mythe de Narcisse qui est le mythe de la beauté éclatante et de l'innocence.

Que veut dire être innocent ici ? Être simplement soi, sans avoir besoin de se déterminer soi-même, de s'identifier à ceci ou cela, sans avoir besoin de confirmation.

C'est très frappant. Narcisse se regarde dans l'eau, mais sans se saisir, sans chercher à être conscient de l'effet qu'il produit. Il est ainsi libre de toute perversité. De toute forme de manipulation.

C'est là un enseignement profond. Narcisse nous invite à retrouver l'innocence fondamentale d'être – innocence que nous avons, pour la plupart d'entre nous, perdue.

Trouver son centre

Le second tableau que Nicolas Poussin a peint sur ce thème est *Écho et Narcisse* (1627). Ce tableau s'appuie ici explicitement sur le texte d'Ovide, le premier poète à réunir les destins d'Écho et de Narcisse. Dans l'histoire de l'art, ce thème est très rare, Narcisse est en effet généralement représenté, seul, sans Écho[1].

Le mythe ne porte pas uniquement sur le destin d'un jeune homme, mais sur le sens même de notre présence au monde.

Quand je fais le mouvement narcissique de retour sur moi, je ne m'enferme pas dans un petit cagibi en moi-même, mais je participe d'un mouvement d'éclosion et de métamorphose.

---

1. C'est ce tableau que le peintre Balthus, alors un tout jeune homme, copia pour le compagnon de sa mère, le poète Rainer Maria Rilke. Pour le remercier, le poète lui dédia ce poème, *Narcisse*, écrit en français.

« Entourée de son bras comme d'un coquillage,
Elle entend son être qui murmure,
Tandis que lui supporte cet outrage
De son image à jamais trop pure...

Pensivement en suivant leur exemple,
En elle-même rentre la nature :
La fleur qui dans sa sève se contemple
S'attendrit trop, et le rocher s'endure...

C'est le retour de tout désir qui rentre
Vers toute vie qui de loin s'enlace...
Où tombe-t-il ? Veut-il, sous la surface
Qui dépérit, renouveler un centre ? »

Poèmes et Dédicaces (1920-1926), in *Poèmes français*.

Ce mouvement est fécond car il renouvelle mon centre. Il me permet de n'être plus dispersé et perdu. Tout comme il n'existe pas de monde sans axe, je ne peux vivre sans un centre, qui n'est pas un point fixe, une sorte d'identité mais qui est ce mouvement qui se renouvelle de lui-même.

Se libérer de la légende du monde mort

En 1631, Poussin peint *L'Empire de Flore*, tableau qui se trouve à Dresde. Le peintre s'inspire ici d'un autre ouvrage d'Ovide que je n'ai pas encore mentionné : *Les Fastes*. Ce poème met en rapport les jours du calendrier avec les divinités mythologiques et nous offre un troisième enseignement très précieux.

Nicolas Poussin nous y montre Flore, une jeune déesse splendide, accompagnée de tous les êtres qui, selon la mythologie, sont devenus des fleurs.

Nous voyons ainsi à gauche Ajax, qui se prépare à se jeter sur son épée : de son sang tombe déjà un œillet. Derrière Narcisse, Clythie tient de sa main droite un panier de tournesols et se tourne vers le char solaire de son amant Apollon, en se couvrant les yeux de la main pour ne pas être trop éblouie.

Au premier plan à droite, Crocus et Smilax sont enlacés comme le liseron.

Au-dessus d'eux, Adonis se retourne pour observer la blessure de sa cuisse, qui va provoquer sa mort et le métamorphoser en anémone.

Pourquoi Nicolas Poussin peint-il ce tableau ?

Mon hypothèse est que le peintre a choisi ce thème, car la transformation des êtres mythologiques en plantes a pour lui un sens profond qui éclaire notre séjour sur terre. Vivre ne se restreint pas à suivre un ensemble de règles, mais à découvrir un récit qu'il nous faut apprendre à déchiffrer et à déployer. Je vois ces fleurs, elles ne sont pas juste un peu de végétation, mais d'une certaine manière elles me parlent, elles me parlent de la beauté, du renouveau de la vie, de l'attention que je dois leur porter…

Nous sommes surpris. Car dans notre société, le monde est un ensemble de marchandises, de ressources dont il faut maximiser le rendement. Pour Nicolas Poussin, le monde est un poème. N'est-ce pas là l'expérience que nous pouvons faire parfois en nous promenant en forêt ou au bord de la mer.

Pourquoi sommes-nous nombreux à avoir besoin d'être dans la nature ? Parce que alors nous sentons que nous sommes part de cet ensemble. Nous ne sommes pas *devant* la nature dans un état de contemplation distant. Nous ne sommes pas même vraiment *dans* la nature. Nous redevenons part de la nature.

Nous avons aussi à nous accorder au temps. Malheureusement, le temps est lui aussi trop souvent réduit à une durée à gérer pour en tirer le plus grand bénéfice. Nicolas Poussin nous montre que le temps n'est pas cette abstraction qu'il faut chronométrer et saisir, mais une durée à vivre, et qui est scandée par des rythmes. Celui du jour et de la nuit par exemple.

Mon neveu m'a un jour demandé pourquoi pendant qu'il jouait le temps passait très vite alors que lorsqu'il faisait ses devoirs, il passait très lentement. Il avait compris, lui, que le temps n'est pas uniforme, mais s'éprouve, et c'est ainsi qu'il prend son vrai sens.

Le monde et le temps ont un ordre qui est aussi une parole et c'est pourquoi nous pouvons y prendre place.

Mais lorsqu'ils sont réduits à de pures calculabilités, comment les habiter ? Nous ne le pouvons pas. Et c'est très douloureux.

Nicolas Poussin nous montre l'envers de ce que je nomme « la légende du monde mort ». On cherche en effet à nous faire croire que le monde est mort, lui nous montre comment il est vivant.

Je me souviens en classe de troisième du cours de SVT, sciences de la vie et de la terre – que l'on appelait à mon époque cours de biologie. Pour nous expliquer ce qu'était le vivant, on nous avait donné des souris blanches que nous devions disséquer. C'est cela la légende du monde mort : rien n'est vraiment vivant. Tout peut se réduire à des mécanismes.

Les arbres ne sont pas vivants. On peut les couper. Il suffit par une efficace gestion de les remplacer. Je me souviens enfant que lorsqu'on coupa les arbres de ma rue, j'en fus submergé de chagrin. Rien ne put me consoler. Mais c'étaient là des enfantillages, me disait-on ! Je ne devais pas être triste puisque ces vieux arbres allaient être remplacés par d'autres. Comme si un arbre était un objet semblable à un autre objet fabriqué en série.

Les vaches de même ne sont plus, pour nous, des êtres. Ce sont des réserves de calories qu'il faut gérer au mieux, et s'il faut en détruire, comme on détruit un stock de livres usagés, cela doit se faire au coût minimal.

L'eau, la terre. Tout est ainsi ramené à ce que l'on doit calculer.

Si j'aime tant regarder les tableaux de Nicolas Poussin, c'est qu'il est un antidote à cette pseudo-légende. Il me fait redécouvrir que la nature et le temps sont *narcissiques* car ils ont besoin d'être regardés au travers du poème. Le poème est ce qui permet au monde d'être monde, au temps d'être temps.

La montagne, la fleur, l'arbre, l'animal ont besoin de notre attention.

Le terme de poème que j'emploie ici désigne un phénomène tout simple. Pensons au sens du prénom que l'on donne à tout enfant qui vient à naître. Malgré toute la folie de notre temps, personne n'a encore décidé qu'il serait plus rationnel de lui donner un numéro. L'enfant a un prénom choisi parce qu'il fait penser à tel ancêtre, à tel héros, à telle personnalité. Je m'appelle Fabrice en raison du goût qu'avait ma mère pour Gérard Philipe qui avait joué Fabrice del Dongo dans *La Chartreuse de Parme*. Nous sommes tous placés dans une histoire, dans un récit.

Si vous comprenez pourquoi on donne encore un prénom aujourd'hui, vous comprenez Nicolas Poussin qui donne un prénom au temps, un prénom aux choses, un prénom aux êtres.

Narcissiser les vaches, c'est leur donner un prénom.

Narcissiser un arbre, c'est être attentif à sa présence semblable à aucune autre.

Nicolas Poussin a un rapport au mythe antique sans presque aucun équivalent dans l'histoire de l'art. Jamais il ne s'agit pour lui d'évoquer des références culturelles. La mythologie n'est pas pour lui un répertoire d'éléments aisés à manier, un excellent vocabulaire décoratif. Les divinités qu'il peint ne sont pas des stéréotypes sans âge comme ceux qui ornent nos édifices. Elles sont vivantes et nous parlent de la présence même du monde où nous avons à prendre place.

Le mythe, pour Nicolas Poussin, n'est pas un artifice littéraire mais une expérience originaire.

Si je conclus mon propos en me tournant vers Nicolas Poussin, c'est pour mieux montrer combien Narcisse éclaire notre existence.

Regardant un champ de narcisses, ne voyons-nous pas l'éclosion du printemps ? Ne découvrons-nous pas que le monde n'est pas mort, mais au contraire intensément vivant ? Que le respecter, c'est respecter la vie en nous ?

Si nous méprisons le monde, que nous en faisons un stock de ressources, un ensemble de données comptables, n'est-ce pas nous que nous amputons ?

Célébrer la vie qui nous anime, c'est prendre soin du monde. Reconnaître que le monde est vivant, c'est se libérer.

L'art nous parle de cette attention que nous pouvons accorder aux choses et aux êtres et qui leur fait tant défaut.

C'est là le sens de l'art, de la culture, de l'éducation mais aussi, et je l'ai découvert très jeune, le sens de la méditation. On me l'a présentée comme une manière toute simple de revenir à la source de la vie.

D'apprendre à faire ce geste que je nomme ici : narcissiser les choses, les êtres, mais aussi moi-même...

Pendant un moment, ne rien faire de particulier. Rien à réussir. Juste pouvoir être. Pouvoir être celui, celle que nous sommes sur le moment. Avec nos limites, nos peurs, nos insuffisances. Surtout ne pas chercher à se calmer, ou à faire le vide et toutes ces autres niaiseries. Non, au contraire, s'accorder à la vie. Ne plus en avoir peur.

Et faisant ce mouvement, le monde tout entier s'ouvre à nous.

J'ai été très amusé de voir récemment ma petite nièce m'apporter son dessin en m'annonçant, sourire aux lèvres, qu'elle m'avait fait un mandala.

Un mandala est, dans la tradition bouddhique, une pratique picturale, mais d'abord une forme de méditation qui vise, à partir du recentrage sur soi, à renouveler un centre qui s'ouvre en un monde, symbolisé par un palais. Une manière de donner un ordre au chaos. Sans le nier. Sans faire semblant qu'il n'existe pas. Mais en lui donnant forme.

Un mandala ressemble aux tableaux de Poussin, si ce n'est dans leur composition, du moins dans leur esprit. Car tout y parle, tout y vit, tout fait signe.

On comprend sans doute mieux à présent pourquoi je suis aussi critique à l'égard de ceux qui présentent la méditation comme un instrument de contrôle de nos esprits, de gestion du stress ou encore une parenthèse de bien être facile.

Ce dévoiement de la méditation est le même que le dévoiement actuel de la culture et de l'éducation. Dévoiement consistant à ne plus se mettre à l'écoute de la singularité des êtres, mais à les faire entrer de force dans un moule, à les exploiter, à en faire une marchandise. Et ce, même si tout cela est fait avec des bons sentiments. Du reste, les bons sentiments nous trompent souvent et entraînent bien des malheurs.

Prométhée et Narcisse

Pour comprendre ce dévoiement qui menace toutes nos activités et trouver un chemin hors de la barbarie qui nous étreint, le philosophe Herbert Marcuse s'est lui aussi tourné vers Narcisse qu'il oppose, de manière lumineuse, à Prométhée.

Prométhée vola le feu aux dieux et permit aux hommes de maîtriser la terre. Il est le Prince de la force, qui hait la poésie, la culture et tout ce qui ne lui semble pas utile. Il symbolise la logique de la domination, de l'obsession de la puissance. C'est lui qui a réussi. C'est lui que nous célébrons tous les jours.

Comme le précise Marcuse : « Si Prométhée est le héros culturel du travail, de la production et du progrès par la voie de la répression, il faut chercher les symboles d'un autre principe de réalité à un pôle opposé. Orphée et Narcisse [...] leur image est celle de la joie et de l'accomplissement ; leur voix celle qui ne commande pas, mais qui chante ; leur geste celui qui offre et qui reçoit ; leur acte la paix qui met fin au labeur de la conquête[1]. »

1. Herbert Marcuse, *Éros et Civilisation*, Les Éditions de Minuit, 1970, p. 144.

La figure de Narcisse et celle d'Orphée peuvent en effet être rapprochées. Orphée est un mythe, voisin de celui de Narcisse, car il est lui aussi un mythe initiatique[1].

Orphée est l'énigme de l'écoute. Narcisse est l'énigme du regard.

Qu'est-ce qu'on préserve en écoutant ? Qu'est-ce qu'on préserve en regardant ? Et qu'y a-t-il à garder ? Voilà des questions urgentes pour notre temps.

Pour garder près de lui Eurydice, sa jeune épouse, tuée par un serpent, Orphée accepte d'entrer dans le monde souterrain des morts. Son chant poétique touche les dieux, qui le laissent traverser les enfers, mais il ne ramènera Eurydice au jour que s'il ne se retourne pas.

Tous les grands artistes, de Dante à Charlie Chaplin, ont fait ce mouvement : traverser les enfers propres à leur temps, pour y ramener la vie. Qu'est-ce qui dans notre monde doit être traversé ? Quels enfers devons-nous parcourir pour trouver une véritable lumière qui ne soit pas de pacotille ? Qu'est-ce qui, au plus profond de nous, doit être recherché parce qu'il n'est qu'au fond de nous ?

Devenir adulte, avoir une certaine maîtrise de son existence, implique de passer par la mort, d'enjamber l'effroi – celui de notre propre existence, celui du monde, pour chercher la fleur de l'innocence, la fleur de la métamorphose. Et cela, sans pouvoir se retourner. Sans pouvoir mesurer nos actes.

1. J'ai analysé le mythe d'Orphée dans mon livre *Pourquoi la poésie ?* (Pocket, 2015).

C'est pourquoi Narcisse est la figure du bonheur, du bonheur de se rencontrer, d'être, de célébrer la vie dans son éclosion. Il nous rappelle que la vie ne se limite pas à nos conceptions, à nos projets, à ce que nous pouvons potentialiser d'elle.

En ce sens, se tourner vers Narcisse, c'est aujourd'hui l'acte le plus décisif que nous puissions faire. C'est refuser partout l'inhumanité, la perversion et la violence. C'est à partir de la reconnaissance du plus vivant, œuvrer à un monde plus juste et plus beau.

Le plus inquiétant se montre ici en toute lumière : laisser Narcisse nous transformer est la clef de notre libération aussi bien au niveau personnel que collectif, mais nous le rejetons, affirmant qu'il faut continuer à nous sacrifier, à nous maltraiter, à nous condamner, à nous sentir coupables, coupables d'être, coupables de ne pas être assez performants, assez violents…

Puisse Narcisse nous venir en aide, et, tel un dieu, nous sauver !

Bibliographie

Textes antiques

Homère, *Hymne à Déméter*, 1-20, trad. Jean Humbert, Les Belles Lettres, 1976.

Ovide, *Les Métamorphoses*, éd. et trad. Georges Lafaye, Les Belles Lettres, 1968.

Pausanias, *Description de la Grèce*, IX.

Plotin, *Ennéades*, I, 6, 8.

Sophocle, *Œdipe à Colone*, in Gabriel Germain, *Sophocle*, Seuil, 1969, p. 174 *sq.*

Lectures du mythe

Maurizio Bettini, Ezio Pellizer, *Le Mythe de Narcisse*, trad. Jean Bouffartigue, Belin, 2003.

Françoise Frontisi-Ducroux, Jean-Pierre Vernant, *Dans l'œil du miroir*, Odile Jacob, 1997.

Henri Jeanmaire, *Couroi et courètes. Essai sur l'éducation spartiate et sur les rites d'adolescence dans l'antiquité hellénique*, Lille, Bibliothèque universitaire, « Travaux et mémoires de l'Université de Lille », 1939.

Denis Knoepfler, *La Patrie de Narcisse*, Odile Jacob, 2010

Bruce Lincoln, « The Rape of Persephone : A Greek Scenario of Women's Initiation », *The Harvard Theological Review*, vol. 72, n° 3/4, juillet-octobre 1979.

Gisèle Mathieu-Castellani, *Narcisse ou le sang des fleurs. Les Mythes de la métamorphose végétale*, Genève, Droz, « Les Seuils de la Modernité », 2012, p. 264 *sq*.
Salomon Reinach, « Le Narcisse dans Homère et dans Sophocle », in *Cultes, Mythes et religions*, Éditions Ernest Leroux, 1905-1923.
Bernard Sergent, *L'Homosexualité dans la mythologie grecque*, Payot, 1984.
Simone Weil, *Intuitions pré-chrétiennes*, La Colombe, Éditions du Vieux Colombier, 1951.

***

Laurence Boulègue, « *Apud Orpheum Narcissi fatum* au sixième discours du *Commentaire sur le Banquet de Platon* de Marsile Ficin (1469) », in Virginie Leroux (dir.), *La Mythologie classique dans la littérature néo-latine*, actes du 3e congrès international de la Société française d'études néo-latines, Clermont-Ferrand, Presses universitaires Blaise-Pascal, 2001.
Laurence Boulègue, « L'*amor humanus* chez Marsile Ficin », *Dictynna*, Lille, Université Charles-de-Gaulle, 2003-2010.
André-Jean Festugiere, *La Philosophie de l'amour de Marsile Ficin et son influence sur la littérature française au XVIe siècle*, Vrin, 1941.
Marsile Ficin, *Commentaire sur le Banquet de Platon*, éd. et trad. Pierre Laurens, Les Belles Lettres, 2002.
Pierre Hadot, *Plotin ou la simplicité du regard*, Études augustiniennes, 1973.
Pierre Hadot, « Le mythe de Narcisse et son interprétation par Plotin », *Nouvelle Revue de psychanalyse*, n° 13, *Narcisses*, dir. J.-B. Pontalis, Gallimard, 1976.
Jerphagnon Lucien, « Plotin, ou l'anti-Narcisse », in *Platonisme et néoplatonisme. Antiquité et Temps Modernes*, actes du 1er colloque de la Villa Kérylos à Beaulieu-sur-Mer du 27 au 30 septembre 1990, Académie des inscriptions et belles-lettres, 1991.
Jean Pépin, « Plotin et le miroir de Dionysos », *Revue internationale de philosophie*, vol. 24, n° 92, 1970.

Narcisse, la peinture

Daniel Arasse, « Les miroirs de la peinture », in *L'Imitation. Aliénation ou source de liberté ?*, La Documentation française, 1985.

Leon Battista Alberti, *La Peinture* (édition de 1436), éd. Thomas Golsenne et Bertrand Prévost, revue par Yves Hersant, Seuil, 2004.

Maurice Brock, « Narcisse ou l'amour de la peinture : le Dialogo di pittura de P. Pino », *Albertiana*, vol. 4, 2001.

Paula Carabell, « Painting, Paradox, and the Dialectics of Narcissism in Alberti's De Pictura and in the Renaissance Theory of Art », *Medievalia et Humanistica*, vol. 25, 1998.

Frédéric Cousinié, « Imago Vocis : Écho, Image de la voix, dans Écho et Narcisse de Nicolas Poussin », *Mélanges de l'École française de Rome, Italie et Méditerranée*, tome 108, n° 1, 1996.

Hubert Damisch, « D'un Narcisse à l'autre », *Nouvelle Revue de psychanalyse*, n° 13, *Narcisses*, dir. J.-B. Pontalis, Gallimard, 1976, p. 164.

Michael Fried, *The Moment of Caravaggio*, Princeton, Princeton University Press, 2010.

Walter Friedlander, *Poussin*, Cercle d'art, 1965.

Norman E. Land, « Narcissus Pictor », *Notes in the History of Art*, vol. 16, n° 2, The University of Chicago Press, 1997.

Louis Marin, « À l'éveil des métamorphoses : Poussin (1625-1653) », *Corps Écrit*, n° 7, PUF, 1983.

Dora Panofsky, « Narcissus and Echo ; Notes on Poussin's Birth of Bacchus in the Fogg Museum », *The Art Bulletin*, vol. 31, 1949.

Erwin Panofsky, *Idea, Contribution à l'histoire du concept de l'ancienne théorie de l'art*, Gallimard, 1983.

Philostrate, *Les Images ou Tableaux de platte-peinture*, trad. et comm. Blaise de Vigenère [1578], éd. Françoise Graziani, Honoré Champion, 1995.

Jean Seznec, *La Survivance des dieux antiques*, Champs, 1993.

Gérard Wajeman, « Narcisse ou le fantasme de la peinture », *Art et fantasme*, Seyssel, Champ Vallon, 1984, p. 107-120.

Ernst de Wetering, « Les multiples fonctions des portraits de Rembrandt », in *Rembrandt par lui-même*, Flammarion, 1999.

Sabine Zaalene, « "Peindre, c'est embrasser la surface de la source" : Narcisse, la peinture dans les œuvres françaises du XVIIIe siècle », in *Isis, Narcisse, Psyché*, Clermont-Ferrand, Presses universitaires Blaise-Pascal, 2001, p. 181-191.

Mallarmé, Gide, Valéry et Rilke

Beda Allemann, « Rilke et Mallarmé. Développement d'une question fondamentale de la poétique symboliste », *Poésie*, n° 126, 2008/4.

Gaston Bachelard, *L'Eau et les rêves*, José Corti, 1991.

Stéphane Balota, « Narcisse l'ange et le miroir (Rilke et Valery) », in *Rilke en France : inédits, études et documents*, Marseille, Sud, 1996.

Roland Barthes, « Plaisir aux classiques », Œuvres complètes, tome 1, Seuil, 2002.

Maurice Blanchot, *L'Écriture du désastre*, Gallimard, 1980.

Germaine Brée, *André Gide, l'insaisissable*, Protée, 1953.

Martine Carré, « De Narcisse à Narcisse exaucé ou les Narcisses rilkéens à l'épreuve de la métamorphose entre 1912 et 1922 », in *Textures, Figures de Narcisses*, Centre de recherche Langues et cultures européennes, Université Lumière Lyon 2, 2003.

Negin Daneshvar-Malevergne, *Narcisse et le mal du siècle*, Dervy, 2009.

Jacques Derrida, « Qual Quelle », in *Marges de la philosophie*, Les Éditions de Minuit, 1972, p. 335.

François Gantheret, *Moi, monde, mots*, Gallimard, 1996.

André Gide, *Traité du Narcisse*, Librairie de l'Art indépendant, 1892.

Maja Goth, « The Myth of Narcissus in the Works of Rilke and of Valéry », *Wisconsin Studies in Contemporary Literature*, vol. 7, n° 1, hiver-printemps 1966, p. 12-20.

Laurent Mattiussi, « Mallarmé et le procès d'impersonnification : Narcisse se dévisage », *Romantisme*, n° 99, 1998.

Camille Mauclair, *Éleusis, Causeries sur la cité intérieure*, Perrin, 1894.

Henri Mondor, *Vie de Mallarmé*, Gallimard, 1942.

Maurice Rey, *Une lecture de Rainer Maria Rilke*, Le Coq-héron, n° 204, 2011/1.
Jacques Le Rider, « Le narcissisme orphique de Rainer Maria Rilke », *Europe, Rainer Maria Rilke*, 67e année, n° 719/mars, 1989, p. 104-120.
Rainer Maria Rilke, *Lettres à un jeune poète*, trad. Bernard Grasset et Rainer Biemel, Grasset, 1937.
Rainer Maria Rilke, *Le Testament*, trad. Philippe Jaccottet, Seuil, 1983.
Rainer Maria Rilke, *Œuvres II*, Seuil, 1972.
Paul Valéry, *Œuvres*, Gallimard, « Bibliothèque de la Pléiade », tome 1, 1957 ; tome 2, 1960.
Paul Valéry, *Cahiers II*, Gallimard, « Bibliothèque de la Pléiade », 1974.
Guy Michaud, « Le thème du miroir dans le symbolisme français », *Cahiers de l'Association internationale des études françaises*, n° 11, 1959.
Louise Vinge, *The Narcissus Theme in Western European Literature up to the Early 19th Century*, Gleerups, 1967.

Philosophie

Hadrien France-Lanord, *S'ouvrir en l'amitié*, Éditions du Grand Est, 2014.
Michel Foucault, *L'Herméneutique du sujet*, cours au Collège de France (1981-1982), Gallimard/Seuil, 2001.
Michel de Montaigne, *Les Essais*.
Jean-Jacques Rousseau, *Émile ou de l'éducation*.
Catherine Thibierge, *La Densification normative. Découverte d'un processus*, Éditions Mare et Martin, 2014.
Alexis de Tocqueville, *De la démocratie en Amérique*.

Psychanalyse

Lou Andreas-Salomé, *L'Amour du narcissisme*, trad. Isabelle Hildenbrand, Gallimard, 1980.
Paul Diel, *Psychologie de la motivation*, Payot, 1984.
Paul Diel, *Le Symbolisme dans la mythologie grecque*, Payot, 1981.

Alain Ehrenberg, *La Fatigue d'être soi, Dépression et société,* Odile Jacob, 1998.
Sigmund Freud, *Pour introduire au narcissisme*, trad. Olivier Mannoni, Payot, 2012.
Sigmund Freud, *Pour introduire le narcissisme*, PUF, 2005.
« *Grandeur et misère du narcissisme : condamnés à être libres* », Cahiers de l'Association lacanienne internationale, A.L.I. Rhône-Alpes, 2004.
Heinz Kohut, *Le Soi*, PUF, 1971.
Jacques Lacan, « Le stade du miroir comme formateur de la fonction du je, telle qu'elle nous est révélée dans l'expérience psychanalytique », in *Écrits*, Seuil, 1966, p. 93-100.
Jacques Lacan, *Écrits*, Seuil, 1966.
Christopher Lasch, *Le Complexe de Narcisse. La nouvelle sensibilité américaine*, Robert Laffont, 1981.
Herbert Marcuse, *Éros et Civilisation*, Les Éditions de Minuit, 1970, p. 148.

Remerciements

Ce livre doit beaucoup à de nombreuses rencontres, sans lesquelles j'aurais été bien incapable de l'écrire.

Je voudrais au premier chef remercier Sandrine Treiner qui a eu l'idée de ce livre et l'a rendu possible. Je voudrais ici lui dire toute ma gratitude.

Ce livre doit aussi beaucoup à Hadrien France-Lanord avec qui nous avons relu patiemment les textes d'Ovide et d'Homère dans leur langue native. Son époustouflante finesse phénoménologique a donné à ce travail toute son assise.

Je dois aussi beaucoup à mes longues conversations avec Jean-Jacques Tyszler dont la passion du texte de Freud et de Lacan m'a permis d'y tracer mon sillon. Son éclairage clinique m'a aussi permis de mieux cerner la nécessité du narcissisme aujourd'hui.

Anne-Julie Bemont a porté ce livre avec une intelligence et un enthousiasme toujours au service de la chose même.

Dorothée Cunéo m'a sorti d'une profonde impasse avec une rare délicatesse.

Guillaume Robert a accueilli ce livre et l'a accompagné jusqu'à son éclosion.

Susanna Lea tient de la fleur du printemps la vivacité heureuse qu'elle dispense partout sans compter.

Merci aussi à Djénane Kareh, Mathieu Brégégère, Clément Cornet, Catherine Thibierge, Vincent Lemerre, Rafik Zénine…

Crédits images

15 : Nicolas Poussin, *Narcisse et Écho*, 1627, Musée du Louvre, Paris, © Luisa Ricciarini / Bridgeman Images ; **40** : Gian Lorenzo Bernini, dit le Bernin, *L'Enlèvement de Proserpine ou le Rapt de Proserpine*, vers 1621-1622, Galerie Borghèse, Rome, © akg-images ; **41** : *Le Retour des enfers de Perséphone*, © The British Museum, Londres, Dist. RMN-Grand Palais / The Trustees of the British Museum ; **56** : Le Caravage, *Narcisse*, vers 1598-1599, Palais Barberini, Rome, © Luisa Ricciarini / Bridgeman Images ; **60** : Représentation d'un *ouroboros* en noir et blanc, © MSSA / Shutterstock ; **132** : Rembrandt, *Autoportrait aux deux cercles*, 1665-1669, Kenwood House, Londres, © akg-images / Album ; **133** : Rembrandt, *Autoportrait avec béret et col droit*, 1659, National Gallery of Art, Washington, © Andrew W. Mellon Collection / National Gallery of Art, Washington ; **136** : Rembrandt, *Autoportrait en Zeuxis*, vers 1663, Musée Wallraf Richartz, Cologne, © akg-images ; **137** : Rembrandt, *Autoportrait à l'âge de 63 ans*, 1669, National Gallery, Londres, © National Gallery, London, UK / Bridgeman Images ; **142** : Henri Michaux, *Dessin sous mescaline*, © Adagp, Paris 2019, photo © Aymon de Lestrange / Bridgeman Images ; **144** : Henri Michaux, *Peinture à l'encre de Chine*, © Adagp, Paris 2019, photo © Centre Pompidou, MNAM-CCI, Dist. RMN-Grand Palais / Bertrand Prévost ; **160** : Nicolas Poussin, *L'Empire de Flore*, 1631, Gemäldegalerie Alte Meister, Dresde, © Staatliche Kunstsammlungen Dresden / Bridgeman Images.

Composition et mise en pages
Nord Compo à Villeneuve-d'Ascq

Imprimé en Espagne par
Liberdúplex
à Sant Llorenç d'Hortons (Barcelone)
en septembre 2020

POCKET - 92, avenue de France - 75013 Paris

S30746/01